JN105906

どんな子どもも活発になる
運動 ASOBI 指導

あそびがもたらす最高の教育

下崎 将一

大学教育出版

は じ め に

あそびの要素を高めた指導との出会い

　大学では、教育学部学校教員養成課程の保健体育専修でスポーツ方法学の研究室に所属し、いかに運動をうまく習得するかを学んでいました。当時、小学校や中学校の体育の先生を目指していた筆者は、子どもたちに「できた」の成功体験を届けるために段階的な練習指導を考えていました。大学4回生の時に縁あって見学した幼児体育の現場で、保育園の1歳児クラスから5歳児クラスの子どもを対象とした指導と出会いました。指導の中に見た子どもたちの発達の成長過程に心引かれた筆者は、大学卒業後の就職を機に幼児体育・学童体育の世界に入ることにしました。

　体育講師になりたての当初、子どもたちに「できた」の成功体験を届けるはずが、ことごとくうまくいかず、大失敗の連続でした。子どもの年齢が低くなればなるほど、講師の言うことを聞かない子や体育をやらない子が出ていました。また、学童の子どもたちになってくると、はっきりと「つまらない」や「参加したくない」「自由遊びがしたい」などと子どもが連呼し、参加拒否を訴える子ども達に対して学童指導員が「せっかく来てくださっているのにそんなこと言わない

の!!」という言葉が出るようになっていました。子どもたち
に「できた」の成功体験を伝え、運動が楽しいと思ってもら
うべく一生懸命に練習メニューを考えて行っていましたが、
子どもたちにとっては私が行う運動の時間が苦痛の時間と
なっており、当時はかなり自信を失い、この仕事が自分に向
いていないと思う日々でした。

そんな日々を過ごす中で、あらゆる本や指導動画、さま
ざまな団体の研修や講座などでひたすら学びました。また、
受講した講座で実際に実践している講師を見つけると実際
の指導現場を見学させていただいたり、子どもの運動あそび
の場である公園やアミューズメント施設、野外施設などをめ
ぐったりと子どもが楽しいと思える運動指導とは何かを常に
探していました。

その中で出会ったのが「あそび」です

さっそく実際の指導現場で「あそび」の要素を大切に試
行錯誤しながら指導を展開しました。すると、子どもたちの
反応が一変しました。幼児や学童の指導現場では、静かだっ
た子ども達が「キャーキャー」という楽しそうな笑顔に変わ
り、参加しない子は、どんどんいなくなりました。学童にお
いては、子どもたちの会話が「今日は何するの?」「またし
たい!!」「次はいつくるの?」などと変わり、普段から室内
あそびを好んでいる子も外で遊びだす姿が見られるようにな
りました。

　子どもには、子どもの発達に合った運動のかかわり方があり、スポーツにおいても子ども達の発達に合った「あそび」の要素を含むスポーツ（大人のルールで行われない）が大切だと実感しました。子ども達は常に「あそび」の中で成長していくことに気づいた瞬間でした。

子どもの　子どもによる　子どものための　運動（スポーツ）

　「あそびながら高めるこころとからだ」を基本軸とした指導展開は、今まで「頑張れ」と言って苦労していた運動の習得もいつの間にか自然と習得できるようになり、参加しなかった子が参加し、積極的に挑戦するようになりました。また、指導の時間だけでなく、普段の自由時間の過ごし方も変化が見られるようになりました。保育園や学童の自由時間に運動あそびをする姿や家庭での自由な時間も運動あそびをする様子が保護者より聞かれるようになり、集団生活では、子どもたちが自然とルールを守ったり、話を聞けるようになったりと運動あそびを通して生活面における変化も聞くようになりました。

「あそび」には、無限の可能性がある!!

　運動あそびには、運動能力を高め、体力を育むというからだの動きだけでなく、友達とのかかわり方や課題を解決する工夫、集団生活をする上でのマナー、課題への挑戦心と

いったこころの動きにも大きく影響を及ぼす力があります。それは、総合的な人間形成にとってとても大切であり、運動あそび指導の中で総合的な人間形成を含む教育的なねらいを組み込むことで、すべての子どもたちが楽しみながらからだとこころの成長を育むことができます。

　そんな、「あそび」の中から育む究極の運動指導・スポーツ指導「あそびがもたらす最高の教育」を現在も実践研究しながら突き詰めて活動しております。

どんな子どもも活発になる運動 ASOBI 指導
― あそびがもたらす最高の教育 ―

目　次

第 1 章

高まる運動あそびの重要性

1. 運動の効果

　厚生労働省のホームページ[1]では、「身体活動量が多い者や、運動をよく行っている者は、総死亡、虚血性心疾患、高血圧、糖尿病、肥満、骨粗鬆症、結腸がんなどの罹患率や死亡率が低いこと、また、身体活動や運動が、メンタルヘルスや生活の質の改善に効果をもたらすことが認められている。さらに高齢者においても歩行など日常生活における身体活動が、寝たきりや死亡を減少させる効果のあることが示されている」とあり、いつまでも心身ともに健康で長生きするためには、運動は欠かせないと考えられている。

　スポーツ庁[2]「スポーツの実施状況等に関する世論調査」のデータにおいて成人のスポーツ実施率では、平成3年に比べ運動・スポーツを週1回以上している20歳以上の成人

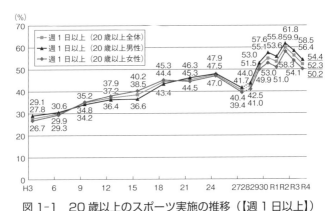

図 1-1　20 歳以上のスポーツ実施の推移（【週 1 日以上】）

出典：スポーツ庁　令和 4 年度「スポーツの実施状況等に関する世論調査」

は、徐々に増加傾向が見られ令和 2 年度をピークに減少して
いるが、令和 4 年度 52.3％と増加傾向にある。

　それにともなって、厚生労働省のデータ[3] によると日本
の平均寿命は増加傾向にあり、医療の発展から病気を見つけ
完治できるようになったことに加え、運動を行う成人の割合
が高くなったことで病気の予防が平均寿命を引き上げる一つ
の要因として考えられる。

　また、幼児期において幼児期運動指針[4] では、運動の意
義について

①　体力・運動能力の向上　　②　健康的な体の育成

③　意欲的な心の育成　　　　④　社会適応力の発達

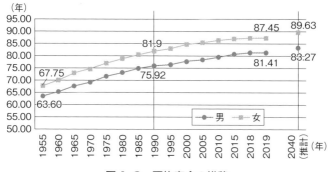

図 1-2　平均寿命の推移

出典：厚生労働省ホームページ『令和2年度版厚生労働白書』

⑤　認知的能力の発達

を上げており、幼児期において、遊びを中心とする身体活動
を十分に行うことは、生涯にわたって健康を維持したり、何
事にも積極的に取り組む意欲を育んだりするなど、豊かな人
生を送るための基盤づくりとなるとしている。すなわち、幼
児期における運動は、からだの動きによる身体面における発
育発達だけでなく、こころの動きを通してこころの発達にも
大きく影響し、子どもの豊かな人生を送るための人間形成に
つながるとても重要なものとなる。

2. 子どものからだのおかしさとその対策

　野井ら[5]の保育・教育現場の実感の調査によると、保育所、幼稚園では、"最近増えている"子どものからだのおかしさの第1位は、「保育中、じっとしていない」があがり、前回の2015年の調査と「変わらない」項目を含めた回答率では表1-1のようになり、すべての施設・学校段階のワースト10内に「AD/HD傾向」が位置したことも報告されている。また、1990年調査以降、施設・学校段階を問わず"最近増えている"のワースト10に位置し続けてきた「すぐ疲れたという」項目については、自由記述の中にあった無意

表1-1　「最近増えている」と「変わらない」という実感の回答率の合算ワースト10

保育所 (n＝125)		幼稚園 (n＝75)		小学校 (n＝145)	
1. 保育中、じっとしていない	98.4	1. 発音が気になる	92.0	1. 視力が低い	99.5
1. 皮膚がカサカサ	98.4	2. 保育中、じっとしていない	90.7	2. AD/HD傾向	98.5
3. 発音が気になる	95.2	2. 皮膚がカサカサ	90.7	3. アレルギー	98.2
4. 噛まずに飲み込む	93.6	2. 自閉傾向	90.7	4. 背中ぐにゃ	94.6
5. 朝からあくび	92.0	5. 背中ぐにゃ	89.3	5. ネット・ゲーム依存傾向	94.4
6. 周りの刺激に過敏	91.2	5. AD/HD傾向	89.3	6. 皮膚がカサカサ	93.2
6. 便が出なくて困っている	91.2	7. アレルギー	88.0	7. 自閉傾向	92.1
8. 絶えず何かをいじっている	90.4	8. 体が硬い	86.6	8. 頭痛を訴える	91.7
8. 背中ぐにゃ	90.4	9. 朝からあくび	85.4	9. 腹痛を訴える	91.5
8. アレルギー	90.4	10. つまずいてよく転ぶ	85.3	10. 症状を説明できない	91.3

　注：表中の数値は%を示す。
出典：子どもの"からだのおかしさ"に関する保育・教育現場の実感：『子どものからだの調査2020』の結果を基に野井ら（2022）保育所・幼稚園・小学校の部分のみ引用

欲、無気力、無関心、やる気のなさ、活気のなさに関連した
多数の記述が確認され、「すぐ疲れたという」項目から「面
倒くさがって、何もやりたがらない」（保育所：27.2%、幼
稚園：18.7%、小学校：38.9%、中学校：44.2%、高等学校：
45.7%）といった実感に変化しつつあるのかもしれないと考
えられ、今後も注視していく必要があると述べている。

　一方、近年の子どものからだの異変に対して、前橋[6]は、
近年の夜型化した大人の生活リズムから子どもの生活リズム
の狂いを取り上げ、また子どもが抱える3つの問題として①
睡眠リズムの乱れ、②摂食リズムの乱れ、③運動不足　をあ
げる中で、子どもの生活リズム向上作戦「食べて、動いて、
よく寝よう」の重要性を述べている。また、日中の活発な運
動あそびは生活リズムの悪循環を断ち切る効果がある[7]と
考えられ、午前中や日中の活発な運動あそびは就寝時間の早
まりを生み、就寝時間の早まりから長時間睡眠と朝の早起き

図1-3　運動あそびが作る生活リズムの好循環
出典：子どもの健全な成長のための外あそびを推進する会 HP を参考に
　　　作成

を導き、十分な朝食やそれに伴う朝の排便といった循環を生むことで、3つの乱れが整いはじめ、登園時に活発に活動できる生活リズムの好循環につながると述べている。

　子どもたちは、多くの運動を含むあそびの活動からさまざまなことを学び、健全な発育発達をとげていく。その主な場所が保育園であり、幼稚園、こども園である。子どもの生活リズムが狂い、からだもこころも学ぶ準備が整っていない状態で園の活動に取り組もうとするとどうしても無理が生じ、子どものさまざまな問題を引き起こす原因となる。その中で、子どもたちが楽しいと思える運動あそびを十分にさせることが生活のリズムの好循環につながり、ひいては、子どもたちの問題がなくなるとともに活動が充実していく。運動あそびには、まさしく豊かな人生を送るための基盤を作るための重要な活動であると考えられる。

3.　生涯スポーツ・運動と幼少期の運動経験

（1）　運動の苦手意識について

　スポーツ庁「スポーツの実施状況等に関する世論調査」（令和4年度）のデータにおいて「週に1回以上実施できない」または「直近1年に運動・スポーツを実施しなかった」成人は47.7%であり、その中での理由（複数回答）として運動・スポーツが嫌いだからという回答が17.8%となってい

る。

　さらに、運動・スポーツが嫌いだからの理由〈複数回答〉では、「苦手だから」71.7%、「疲れるから」65.3%、「時間を取られるから」35.1%、「汗をかくから」22.4%…となっている。

　苦手だからを年齢別でみると

10代（18-19）70.4%、　20代（20-29）72.2%、

30代（30-39）73.2%、　40代（40-49）72.9%、

50代（50-59）72.4%、　60代（60-69）71.8%、

70代（70-79）66.0%　となり、

　どの年代も苦手なことが運動・スポーツが嫌いな理由の割合の多くを占めている。

　また、「疲れるから」を年齢別にみると

10代（18-19）70.4%、　20代（20-29）77.7%、

30代（30-39）80.5%、　40代（40-49）71.6%、

50代（50-59）65.3%、　60代（60-69）49.0%、

70代（70-79）39.2%　となり、

　比較的40代までの成人の割合が高く、疲れるから運動スポーツが嫌いと回答している。

　運動・スポーツに対して苦手意識があることや疲れると思うことは、運動・スポーツが嫌な理由となり、ひいては運

動スポーツをやらない理由となっていく。やはり、運動・スポーツに出会っていく幼少期の運動・スポーツとの体験や経験の中で運動の魅力を知ることは、その後の生涯においての運動・スポーツとの関わりを高めることにつながり、生涯における心身の健康にも関わってくるとても大切なことであると考えられる。

（2）　体力について

　図は、平成 28 年度の運動・スポーツの実施頻度別新体力テスト合計点[8]である。図をみると、どの世代においても実施頻度が高いほど、新体力テストの合計点は高い傾向にあ

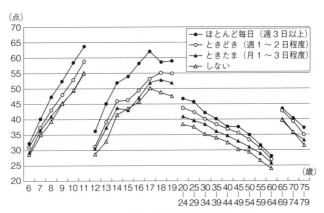

注：1．合計点は、新体力テスト実施要項の「項目別得点表」による。
　　　2．得点基準は、6～11 歳、12～19 歳、20～64 歳、65～79 歳で異なる。

図 1-4　運動・スポーツの実施頻度別新体力テストの合計点（男子）
出典：文部科学省『平成 28 年度体力・運動能力調査報告書』

り、実施頻度に関係なく、20歳以降から新体力テストの合計点は、低下する傾向にある。裏を返せば、20歳までの幼少期・青年期に運動・スポーツの運動経験や運動習慣を身につけておくことが、生涯にわたって体力を高い水準に保つために重要な要因の一つであると考えられる。

　一方で、小学生の現状を見てみる。

　図は、スポーツ庁の『令和4年度全国体力・運動能力、運動習慣等調査報告書』の小学5年生の体力合計点の経年変化である。

　子どもたちの体力は平成30年度まで上昇を見せていたものの、新型コロナウイルス感染症の影響もあり、低下傾向になり、体力の合計点は小中学校の男女共に低下を記録してい

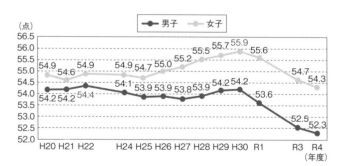

図1-5　体力合計点の経年変化

出典：スポーツ庁『令和4年度全国体力・運動能力、運動習慣等調査報告書』

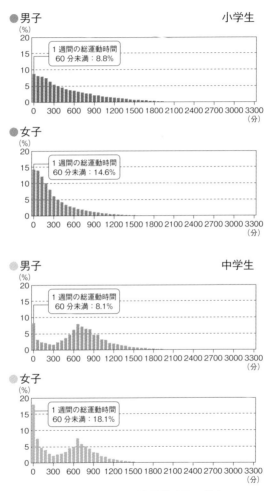

図 1-6　1 週間の総運動時間の分布

出典：スポーツ庁『令和 4 年度全国体力・運動能力、運動習慣等調査報
　　　告書』

る。

　また、1 週間の総運動時間の分布では、1 週間の総運動時間が 60 分未満の小学生は、男子 8.8％・女子 14.6％であり、中学生は、男子 8.1％・女子 18.1％である。中学生女子は、約 2 割がほとんど運動していないことになる。体力が向上しやすい幼少期・青年期にいかに運動・スポーツの魅力を知り、習慣化できるかが大切であり、その環境を整えていくことが必要となる。

（3）　運動を始めるきっかけ

　2023 年に更新された愛媛県の第 2 期スポーツ振興計画の県民の意識調査[9]の中で、運動やスポーツをするのも見るのも好きと答えた人は、36.2％、する方が好きと答えた人は

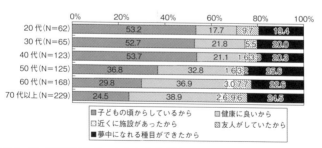

図 1-7　運動やスポーツをしたり見たりすることが好きになった
　　　　きっかけ
出典：『第 2 期愛媛県スポーツ推進計画資料』『県民のスポーツに関する
　　　意識調査』

11.1%、見る方が好きと答えた人は、43.0%だった。

　その中で、運動やスポーツをしたり見たりすることが好きになったきっかけとして、図1-7のように20代から40代の人は、子どもの頃からしているからと答える人が多く、50代以降は、健康に良いからと答える人が多くいた。

　運動やスポーツをしたり、見たりと運動・スポーツに関わることに対して子どもの頃の運動経験やスポーツ経験が生涯の運動やスポーツの関わりにつながるきっかけとなる一つの要因になると考えられる。幼少期には、単一のあそびやスポーツ経験をするのではなく、あそびも含めて多様な運動・多種のスポーツ経験をする環境を整えることが、成人になりライフステージが変わった時に運動を始めるきっかけを多くもつことにつながるだろう。

4. 運動が苦手になる理由

（1）経験不足

　杉原[10]は、図1-8と図1-9で示したように、運動嫌いあるいは好きではなかった運動が好きになったきっかけとして最も多かったのが能力に関するもので、小学校時代では9割弱、中高時代でも約半数のきっかけに関係しているとし、一方で、運動が嫌いになったきっかけとして、恐怖に関するものと能力に関するものが約4割前後で関係しており、小学

校時代、中高時代にほとんど差が見られないとしている。能力に関するものは、好きになったきっかけとして、できないものができるようになったことをあげており、嫌いになったきっかけとして、努力してもできなかったことから生じる強い無力感と合わせて生じる恥ずかしさや惨めさといった情緒をあげている。恐怖に関するものは、自身が受けた痛い思いや他の子が受けた痛そうな場面を見た経験から痛い思いや怖い思いから逃れたいので運動が嫌いになったというものである。汎化に関するものは、嫌いになる対象が広がっていくこととしており、例として体育の先生が嫌いなところから体育も嫌いになったことや競争でいつもビリになる経験から体育の授業も嫌いになったことをあげている。

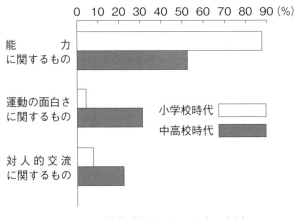

図 1-8　運動が好きになったきっかけ

出典：『新版　運動指導の心理学』杉原 2008

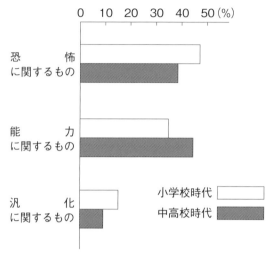

図 1-9　運動が嫌いになったきっかけ

出典：『新版　運動指導の心理学』杉原 2008

　運動は、第3章で触れている通り、幼児期からの運動経験により有能感を高めることができる。また恐怖に関するものも、幼児期の基礎感覚や基本動作経験を身につけ、幼児から積極的に運動に参加することで、小さな怪我や小さな失敗から大きな怪我や失敗をする恐怖を感じることが薄れるのではないか。幼児期の経験不足から小学生、中学生を通じて周囲との能力の差が生まれていくことが運動嫌いの一つの原因となると考えられる。

（2）　技術指導の低年齢化

　近年、子どもを対象としたさまざまな習い事が増えている。英語やプログラミング、ピアノ、水泳、スポーツ…など多種多様な習い事が増え、その対象は、しだいに低年齢化してきている。早期教育・英才教育といったできるだけ早い段階で才能を引き出したいと思っている親御さんも多くいるのではないかと考える。そのため、子どもに将来の期待をかけ、子どもを小さな大人のように考えて技術指導を求め、子どもの楽しさよりも技術習得のための過剰な練習・トレーニングのような内容を子どもにさせてしまうケースや求めている方もいるのではと考える。積極的で主体的に取り組むべき運動やスポーツが、消極的で受動的な関わりとなってしまうと、子どもが自分の意志で決めていくようになった時、それらの経験は、生涯の運動やスポーツにつながらなくなってしまうのではないだろうか。

（3）　大人のルールをそのまま子どもへ

　子どもたちへさまざまな運動やスポーツの楽しさを教えたいと考え、過去に経験したスポーツ経験でそのまま教えたり、大人のルールや本やインターネットにおける運動をそのまま教えたりするケースがある。子どもは年齢が下がれば下がるほど、個々の発達の差が大きくなり、運動も動作経験の差によって変わる。同じクラスでも3月生まれと4月生まれ

では、約1年の成長の差が生じ、クラス内での競争は、成長が早い早熟な子の活躍が大きく、後から成長する晩熟の子がどうしても活躍が減ってしまい、ひいては、その差が運動の量の差となり運動の質の差となり、運動への自信の差となって現れ、その後の運動・スポーツへの関わり方も大きく影響を与える。子どもは、小さな大人ではない。子どもを中心軸におき、誰のためなのか、何のためなのかを考えながら成長の過程を見据えて発育発達に合った子どものルールで運動を提供したり、子どもたちが楽しめるルールを子どもたち自身で作り上げたりとするような力が身につくよう環境を整えてあげることが大切である。ルールは、運動をしている子どもたちのみんなが楽しめるための決まりである。そのため、ルールが多少守られていない状況でも子どもたちが楽しめていたり、ルールが守られていない状況を納得し了承したりとしているのであれば、子どもたちの中でルールは柔軟に変わり、運動はそのまま継続して楽しめるものとなる。

（4）　競争あそび

　年中さんくらいになってくると競うこころの育ちが見られる。「競争しよう！」と言ったり、かけっこでは、自分が何番目かを首を振って確認したりしながら競争するこころの育ちが見られてくる。そんな中、競争し勝ち負けあそびをすると、とても盛り上がり一見楽しそうに見える。しかし、発

達の差が大きいこの時期は、勝ち負けあそびをていねいに行わなければ、勝つ経験や負ける経験が偏ってしまう。勝つ経験を繰り返すと、どんどん積極的になり、運動への自信が高まるが、負ける経験を繰り返してしまうと運動への自信をなくし、自分の能力不足が原因と考え、意欲の低下や無気力を起こし、参加すらしなくなってしまう。そのため、勝つことの楽しさと同時に負けることの受け止め方や次への考え方を身につけていかなければいけない。杉原は、運動による勝ち負けや成功失敗についてワイナーの原因帰属を取り上げ、成功した時は、能力や努力に帰すると成功の場合は誇らしく感じ、失敗した時は、運が悪かったとか努力が足りなかったと考えておけば、動機づけは低下しないとし、一方、運動嫌いは、成功を課題や運などの外的要因に、失敗を能力不足に帰属させる傾向が強いことも明らかにされているとしている。

　負けた時にはどうしたら良いか、次に勝つにはどうしたらよいかを考えて工夫し、工夫や作戦が成功し勝つことができたら、勝つことに対して自分の能力だけではなく、考えたり工夫したりした努力の過程が原因と考えられる。競争や勝ち負けあそびでは、勝つ経験や負ける経験をバランスよく経験できるよう何度も挑戦できるようなルールの工夫や考え作戦を立てて挑戦できるような工夫が必要だろう。

5. 運動の苦手の悪循環が変わる 「楽しい」 が生む好循環

　苦手意識が強い子や消極的な子は、成功体験が乏しく自信がなかったり、友達と比べ劣等感を持っていたり、身に付いている動作が少なかったりするために、動きがイメージしにくいと考えられる。そのため、「わかる気がしない」「できる気がしない」「自信がない」⇒「やらない」⇒「できない」⇒「もっとできる気がしない」…といった負の循環になっていると考える。

　そこで、子どもたちがとにかく「楽しい」から始めると、「楽しい」から「もっとする」につながり、「もっとする」から「うまくなる」になり、「続ける」につながる。「続ける」までつながると「もっとうまくなる」につながり、「楽しい」…と循環していく。この「楽しい」から生まれる好循環は、運動量の増加、さらには運動の質の向上へとつながっていく。

　「楽しい」から生まれる好循環 11) は、運動の上達を促し、上達することで自信をつけ、さらに自信をつけることで挑戦したり友達と競い合ったりすることが楽しくなっていく。このように、運動の有能感を高めることは、運動がさらに好きになる好循環を作っていくのである。

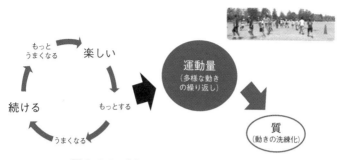

図 1-10　『楽しい』から生まれる好循環

参考文献

1)　厚生労働省 HP　身体活動・運動
　　https://www.mhlw.go.jp/www1/topics/kenko21_11/b2.html
2)　スポーツ庁　令和 4 年度「スポーツの実施状況等に関する世論調査」
3)　厚生労働省　ホームページ　令和 2 年度版厚生労働白書　本編図表
　　バックデータ　https://www.mhlw.go.jp/stf/wp/hakusyo/kousei/19/
　　backdata/01-01-02-01.html
4)　文部科学省『平成 24 年幼児期運動指針』
5)　野井真吾、鹿野晶子、中島綾子、下里彩香、松本稜子（2022）子ども
　　の "からだのおかしさ" に関する保育教育現場の実感「子どものからだ
　　の調査 2020」の結果を基に、日本教育保健学会年報 29 号
6)　前橋明（2017）『子どもの健康福祉指導ガイド』大学教育出版，21-34
7)　外遊びを推進する会 HP　外遊びの効能
　　https://kodomo-sotoasobi.com/kankyo/kono.html
8)　スポーツ庁『平成 28 年度体力・運動能力調査報告書』
　　https://warp.ndl.go.jp/info:ndljp/pid/11287678/www.mext.go.jp/
　　prev_sports/comp/b_menu/other/__icsFiles/afieldfile/2017/10/10/13
　　96889-7.pdf

9) 第2期愛媛県スポーツ推進計画資料 県民のスポーツに関する意識調査
https://www.pref.ehime.jp/h14100/documents/03kenminosportscyousa.
pdf

10) 杉原隆 (2003)『新版 運動指導の心理』大修館書店, 161

11) 下﨑将一 (2019) 日本幼児体育学会第15回大会口頭発表 研究題名
「ASOBI プログラムの楽しいから生まれる好循環の可能性」

第 2 章

あそびには価値がある!!

　筆者は子どもの頃、さまざまなあそびをした。自然の中では、山の中に入って冒険ごっこをしたり、木の棒で戦いごっこをしたり、虫をとったり、川に入って泳いだり、網で魚を捕まえたり、釣りをしたり、石けりをしたり、他にはメンコや凧あげ、缶蹴り、キックベースボールやサッカーあそび、野球あそびといった年齢が高くになるにつれて少しずつ友達と競争するあそびやスポーツごっこに夢中になっていった。遊ぶ友達は、上級生と一緒に遊ぶことから始まり、年齢が上がるにつれて下級生とも一緒に遊ぶようになった。そんな異年齢でのあそびの中で私は多くのことを学んでいたと、大人になった今、感じている。年代や住む場所が違えば、遊ぶものや遊ぶ場所も変わってくるが、それらが変わっても、夢中になって遊んだ記憶はみなさんの中にあるのではないかと思う。そんなあそびから学んでいたことを大人になった今振り返ってみると、どんなものがあるだろうか。

1. あそびがもたらすもの

　子どもたちは、あそびの中で6つのことを身につけている
と考える。

（1）　仲間から新しいあそびを知る。（伝承）

　私は、地域のお兄さん、お姉さんや身近な大人といった
さまざまな人からさまざまなあそびを教えてもらった。身
近なものを使ったあそびから何も道具が必要のないあそび、
個々でできるものから少人数・大人数、そして、あそびに必
要な人数が少なかった時の対処法などである。それらを教え
てもらったり、友達と作り出したりしながら、楽しい遊びは

図2-1　あそびがもたらすもの

繰り返し行い続け、教えてもらった筆者もまた年齢の下の子
へ教えていたように記憶している。あそびの伝承により、あ
そびの幅が広がっていた。

（２）　未知のものを知り、新しいことができるようになる。
　　　（感動体験）

　新しいものを教えてもらったり、自分で見つけたり、自
分たちで作り出したりした体験からは、驚きや感動が生ま
れ、こころが動き、さらにからだも自然に動き出す。自分も
やってみたい!! こんなことできるかな？ という知的好奇心
をくすぐられ、さまざまな挑戦欲求が生まれて何度も練習
し、挑戦してできるようになった。

（３）　上手な人を見て学ぶ。（見取り学習）

　知的好奇心や挑戦欲求が駆り立てられ、やってみた
い!! と挑戦してみるが、なかなか初めからうまくいくこと
はない。そんな時にはまず、上手な子をお手本として真似し
ていた。よく観察して再度挑戦して、また観察してまた挑戦
という具合に繰り返し遊ぶことで、あそびのコツをつかんで
いた記憶がある。「まなぶはマネぶ!!」 できるようになりた
いことは、とにかく観察して学んでいたように思う。

（4）　できるようになる創意工夫や繰り返し練習をする。（努力、体力、知恵、運動スキルを身につける）

　（3）の上手な人をみて学ぶ内容から「知る」を身につけ、そこから「わかる」「できる」にステップアップしていくには、できるようになる工夫を考えたり、試行錯誤しながら繰り返しの練習をしたりするようになる。できるようになりたい思いから努力する力・工夫する力を身につけ、できるようになることで知恵を身につけ、繰り返しの練習から体力がついていく。そして新たな挑戦からさまざまなスキルを身につけていく。できないからできた時には、大きな達成感や満足感、充実感を得ることができる。

（5）　ルールやあそび方を創意工夫する。（創造力）

　あそびを行う場所や人数、道具といった条件はさまざま。そんな中、自分たちが楽しく遊べるように工夫が生まれていた。人が足りない場合は、透明人間を仲間にしたり、1人2役や3役としたり、自分たちが楽しめるように力加減を調整するようなメンバー分けを行ったり、ハンディを与えたりすることで、あそびをする範囲も楽しめるよう設定して自分たちの独自ルール設定をしていた。あそびに必要な道具は、近くにあるもので代用したり、新たに作ったりと遊ぶメンバーの合意の中であそびが展開されていた。

（6）　仲間とのやり取りがある。（コミュニケーション、思い
　　やり）

　あそびは、仲間がいるから成立する。誰か一部の人が楽
しめるようなルールで行われていると仲間が離れて一緒に
やる人がいなくなる。みんなが楽しめるように自分が思って
いることを主張したり、相手のことを受け止めたりとコミュ
ニケーションをとる場面が必ず必要になってくる。遊んでい
る中で意見がぶつかることもあれば、新たな楽しみを見つ
け、提案の中で遊びが発展したり、変更したりしていく。友
達同士のやり取りもあれば、年齢の上の子が決めていく場合
もある。仲間とあそぶことで必ず出てくる言葉のやり取りか
らは、自分の意見を伝えたり、相手の意見を受け止めたりす
ることを通して、人との付き合い方を学んでいくことができ
る。

　これらの（1）〜（6）からわかるように、あそびがもた
らすものは、「健康」につながるからだの動きだけでなく、
「人間関係」「環境」「言葉」「表現」といった、こころもから
だも動く総合的な心身の発達につながり、ひいては総合的な
人間形成にとって必要不可欠なものばかりとなる。

　筆者が主催する運動スクールが行う自然あそびの魅力を
伝える ASOBI イベントの様子や参加者の感想を紹介する。

① 　冬の季節に行う、草滑りイベントと凧あげイベント。

　冬しかできないあそびやお正月ならではのあそびを思いっきり楽しむ。お父さん、お母さん、おじいちゃん、おばあちゃんや友達と一緒に考えながら上手くいくやり方を考えたり、工夫したり、段ボールやそり、板といったさまざまな滑り道具での思考錯誤を行ったりする。また、斜面のさまざまな場所から座ったり立ったりしながらの、さまざまな姿勢でのすべり遊びに子ども達は挑戦する。上手にできた時は、

草滑りの様子

風あげの様子

「やったー!!」「すごい!!」といった歓声があがる。

【参加者のご感想　（一部）】

■子供は人生初の大きな凧あげ。大人もウン十年振りで、初
　めやり方がわからず戸惑いましたが、高くあがった時はと
　てもうれしく喜んでいました。天気もよく体を思い切り
　動かせ楽しむことができました。

■初めてイベント参加でしたので、子供もドキドキで消極的
　でしたが、時間がたつにつれ楽しんでいました。最初はで
　きなかったことも回数を重ねるごとにできるようになり
　自信につながっていったと思います。楽しい時間をあり
　がとうございました。また参加させていただきたいと思
　います

■初めてソリ遊びをしてとても楽しそうにしていました。た

こあげもなかなかできないので、今日ここですることができてよかったです。子どもが笑顔で楽しんでいて、今日来て本当によかったです。

■道具の使い方がわからずとまどっていましたが最後にはどうにか滑れていました。連だこも風になびいて天高く上がってびっくりしていたようでした。終わってもまたすべっていました。とても楽しかったようでした。

など。

② 春や夏の季節に行う、キャンプ

火吹き竹で吹く様子

　春の過ごしやすい季節や暑い夏には、キャンプイベントを行う。火を起こしたり、ご飯を食べたり、工作をしたり、全身を使った運動あそびをしたりと森の自然体験をする。火の扱いや工作、運動などをさまざまな体験の中で知る、考える、学ぶと盛りだくさんの人気のイベントである。もう火力は十分だけれども火吹き竹で何度も何度も「ふぅ～～！！」

春・夏キャンプの様子

と空気を入れる子どもたち。新聞紙から火をつけ、薪をくべるという、なかなかできない経験に子どもたちの好奇心はくすぐられる。自然の物を使った工作やアスレチック、木登り、川遊びと、汗をびっしょりとかきながら楽しんでいる。

③　秋の季節に行う、浜辺イベント

　残暑が残る浜辺で幼児から小学生までみんなで思い切り体を動かすイベント。裸足になると「気持ちいい〜!!」とお父さんやお母さんも一緒になって運動あそびをする。イベント後の子どもたちは、海の波を追いかけては逃げてと、遊んでいるうちに海の中へ。最後は、子どもたちみんなびしょ濡れになって遊んでいた。

【参加者のご感想　（一部）】

■家族ではなかなか浜辺で遊ぶことはしないから、今日はとてもよい経験ができました。また、たくさんこのようなプログラムをしてくれるとうれしいし、参加したいと思います。今日はありがとうございました。

■3才でも皆と一緒に楽しめるかなと思っていましたが、本人が喜んでいたのでよかったです。また、参加したいと思います。

■子どもたちだけで話し合いながら仲良く遊べていたのが印象的でした。知らない子と仲良くなる力はとっても大切

運動あそびプログラムの様子①

運動あそびプログラムの様子②

運動あそびプログラムの様子③

だと思います。いろいろなプログラムをたくさんやって
もらいたいです。次も参加したいです。今日は有難うご
ざいました。

■海でのイベントは気持ちが良いし、楽しかったです。初め
ての人でもチームで作戦を立てて、ゲームしている姿が
頼もしかったです。ありがとうございました。

④　ボードゲーム×運動 ASOBI
　みんなで遊ぶ機会がなくなってきている現代、新型コロ
ナウイルス感染拡大にともなって、より他の人との関わり
や遊ぶ機会が減った。みんなで遊ぶ機会を持ちたいと開催し

みんなでボードゲームの様子

みんなで缶跳りの様子

た、頭も体もフル回転で遊べるイベント。ボードゲームと
は、卓上ゲームやアナログゲームなどと呼ばれ、カードやサ
イコロ、コマなどを使って遊ぶゲーム。代表的なものにトラ
ンプや将棋、すごろくといったものがボードゲームにあた
る。ボードゲームは、今や世界中でたくさんの面白いものが
ある。「なにこれ〜」や「はじめて〜」との声の中、その場
に合わせて自分たちが楽しめるようルールを変えながら大人

も子どもも脳をフル回転。大人よりも子どもの方が上手で大人が頭を抱えるなど笑い声が絶えず、どのゲームも大盛り上がりだった。

運動 ASOBI は、缶蹴り。やったことがない子がほとんどで、子どもの頃やりこんでいるお父さんお母さんは、走りこむタイミングや隠れる場所などさすがの行動。子どもたちも何度もする中で上手になった。

2. 家庭でも友達同士でも遊ぶ機会が減っている

近年、子どもたちの遊ぶ機会が減ってきていると言われている。遊ぶ機会が減っている原因として「あそび場（空間）、あそび時間（時間）、あそび友だち（仲間）」という3つの間が抜けている現象は「間抜け現象」[1] と言われている。

2016 年[2][3] にシチズン時計が実施した小学校高学年を対象にした調査では、「外で遊んでいる時間」が、35 年前から減り続け、「外で遊んでいる時間」は 35 年前と比べて約半分（2 時間 11 分 → 1 時間 12 分）になっているとある。

図 2-2　あそびに必要な 3 つの「間」

学研教育総合研究所[4] の

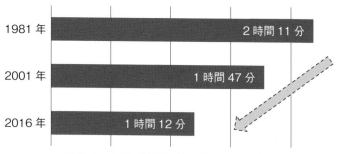

図2-3　1日（平日）外で遊んでいる時間
出典：シチズンホールディングス調べ、外遊び推進の会のHPを参考に
　　　作成

2019年の調査によると、習い事をしている子どもの割合
は、全体で80.4%。ちょうど30年前の1989年度調査では、
習い事をしている小学生は39.1%であったことから、平成元
年から令和元年にかけて、習い事をする小学生は倍になった
とあり、習い事の時間が増えたり、習い事の多さが理由で遊
ぶ時間がなかったり、友達と予定が合わなかったりとしてい
るように考えられる。

　また、加えて近所付き合いの減少に加え、世間の悪質な
事件や事故、不審者情報などの情報の中で、子どもたちだ
けで自由に歩き回ることに対して保護者が心配をし、小学校
低・中学年では子どもたちだけで外に出歩くことを許可しな
いご家庭もあり、社会における遊ぶための安全・安心な環境
の変化も一つの要因にあると考える。

3. あそびのきっかけを大人の手で作る時代

　社会の環境が大きく変わり「あそび場（空間）、あそび時間（時間）、あそび友だち（仲間）」の間抜け現象となっている今、この抜けている「間」を大人の手で埋めることが必要不可欠である。また、ゲームやスマホが普及し、室内遊びが増える中で「あそび物」が変わっている今、外で遊ぶ機会の減少があそびの幅を狭め、外あそびの楽しさを知らない子どもたちが増加していると考えられる。昔、近所のお兄さんお姉さんやあそび仲間がいろいろなあそびを教えてくれていたように、大人がそのような機会や伝承する側にたって子どもたちにあそびを伝承していかなければならない時代となってきているだ。

4.「あそびがもたらす最高の教育」
あそびから ASOBI へ

　これまであそびがもたらすものを紹介してきた。あそびは、総合的な人間形成に必要不可欠な要素が数多くある。裏を返せば、人間形成に必要な要素を目的としてあそびを展開することができる。つまり、あそびを手段として教育していくことになる。運動あそびと体育あそびという言葉があ

る。『幼児体育用語辞典』[5] の中で体育あそびとは、「教育的
目標達成のため、身体的な面だけでなく、社会的な面や精神
的な面、知的な面、情緒的な面を考慮に入れた体育教育的営
みのある『運動あそび』のことである。つまり、大筋肉活動
を主体とした運動量を伴うあそびである『運動あそび』を、
教育の目標を達成するために使用した場合、その運動あそび
を『体育あそび』と呼んでいる」とある。私は、スクール事
業を行う上で一般の方にもわかりやすいように「自由なあそ
び」と区別して教育的目標をもって行うあそびを「ASOBI」
として使っている。

　あそびは、誰もが大好きで誰もが夢中になれるものであ
る。子どもたちは、活動に夢中となり遊んでいる感覚でさま
ざまなものを吸収し学んでいく。それは、自主的で主体的で
自然な学びとなる。

　それはまさしく、「あそびがもたらす最高の教育」であ
る。

5.　ASOBI プログラムで変わった子どもたち

　2014 年から継続して児童クラブで定期的に ASOBI プロ
グラムの指導「体育教室」をさせていただいている。「体育
教室」は、1 回 45 分の月 3 回で主に組あそびのからだを使っ
たプログラムと集団あそびを定期的なプログラムとして開催

させていただいている。「体育教室」は、指導の目的として以下の3つをねらいとしている。

①　運動あそびの幅を広げ、運動の楽しさを知るとともに子ども自ら積極的に考え、工夫できる力（知的、精神的）

②　ルールを守り、友達を思いやりながら仲良く、楽しく遊べる力（情緒的、社会的）

③　体力や運動能力を高め、大きな怪我を防ぐ体の使い方を身につけ、「できた」を楽しむ力（身体的）

　指導を始めてから10年目となる2023年3月に定期指導の意義を問うアンケート調査を行い、子ども70名（新2年生～新4年生）・保護者60名・支援員19名にご回答いただけた。2023年3月時点で1年間プログラムを受けてきた時でのアンケートとなる。

　支援員の先生方からのアンケートでは、体育教室について100%の方が「とても良い」「良い」と回答いただき、3つのねらいの①・②・③すべてで、94.4%の方が「達成」・「やや達成」と回答し、「どちらでもない」が5.6%、「やや未達成」・「未達成」と回答した方は、0%だった。

　理由についての自由記述欄には、育成の中での変化について積極的に体を動かす子が増えたことやルールを守ったり、あそびのルールについて話し合うようになったり、あそ

び続ける力・挑戦する力がついたなどと、体育教室から普段の育成中への良いつながりについても聞くことができた。

　また、子どもたちのアンケートでは、運動について「好き」・「少し好き」と答える子が、91.4％回答し、体育教室についても 91.4％が「好き」・「少し好き」と回答している。また、体育教室をしてもっと運動あそびをしたいと回答した子どもが、70.4％いた。

　保護者のアンケートでは、93.5％が「続けて欲しい」・「やや続けて欲しい」と回答し、6.5％（内 3.2％は体育教室の曜日に児童クラブを利用していない）が「どちらでもない」と回答し「やや続けて欲しくない」「続けて欲しくない」は 0％だった。自由記述欄のところには、体育教室の実施について教育的なねらいに共感することやさまざまな運動を通して良い経験ができていることなどから続けてほしいと思う声が多くあるとともに、体育教室における子どもの反応の部分では、子どもとの会話で教室が楽しかったという話題が出るようなことや外でよく遊ぶようになったこと、いつも以上によく寝ること、ボールの扱いが上手になったことなどをご回答いただいた。

【体育教室の ASOBI プログラム】

　体育教室で行う ASOBI プログラムは、基本的に集団あそびをメインとしてプログラムを構成している。友達と一緒に

行う組あそびと個々や集団で行う運動やルールのあるゲーム
となる。ASOBIプログラムでは、以下の4つを大切にし、
プログラム作成をしている。

① 失敗してももう一度挑戦できるエンドレスルールで
　行う。

② 運動能力に差があっても逆転できるチャンスがある。
　また、能力に差があるから面白くなるルールにする。

③ 対象の子どもに合わせて使う用具やコートの広さや
　形などを柔軟に変え個々が活躍できる場にする。

④ 昔あそびも取り入れる。

【ASOBIプログラムの一例】

※プログラムをする組を何度も変えてさまざまな子と関わる機会を
　作りながら行う。

・組あそび（足開きジャンケン）

① 2人組もしくは3人組になる。

② 向かい合って両足を閉じて立つ。

③　ジャンケンをして負けた人は、両足の間をちょっと
　開いて立つ。

④　何度も繰り返し、地面に手がついたりお尻がついた
　りすると負け。

・組あそび（トンネルくぐり）

①　2人組もしくは3人組になる。

②　ジャンケンをして勝った人は、足を開き足のトンネ
　ルを作る。負けた人は、足トンネルの片足を中心軸と
　して円を描くように3回トンネルをくぐる。

・集団あそび（線鬼ごっこ）

①　追いかける鬼も逃げる人も体育館の線の上だけを通
　りながら鬼ごっこをする。線から線へジャンプして逃
　げることもできる。

②　鬼に捕まったら中央の円の中に入る。

③　まだ鬼に捕まっていない子は、捕まっている仲間を
　助けることができる。

④　時間になるまで行う。

・集団あそび（めちゃぶつけドッジボール）

①　ボールを持った人は、最大3歩まで移動でき、ボール
　を投げて相手を当てる。

集団あそび（線鬼ごっこ）

※鬼を複数人にすると衝突の危険が出てくるため、はじめは大人から鬼を始め、衝突の危険を確認してから子どもに鬼役をさせるように発展させる。

② 飛んでくるボールを取ったらセーフ。取れずに当たってしまったらアウトとなり、アウトゾーン列の一番後ろに並ぶ。

③ アウトゾーンの人数が6人になるごとにアウトゾーンの列の先頭から一人ずつ復活し、プレーに戻ることができる。

④ 安全性をみながらルールやあそびに慣れてくるとボールを増やす。

運動が苦手な子も得意な子もみんなが楽しめる子どもたちに合わせたルールを工夫することが大切で、どんなあそびも勝てるように上手な子を観察したり、作戦を立てたりと、

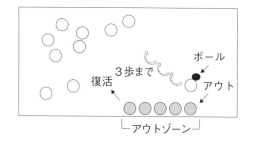

負けた時の受け止め方と次の挑戦へつながる考え方を身につ
けることが大切である。

【参考文献】
1)　日本幼児体育学会　前橋　明編著（2007）幼児体育 ― 理論と実践 ―，
　　大学教育出版，14
2)　シチズンホールディングス（本社：東京都西東京市、社長：戸倉敏夫）：

子どもの時間感覚　https://www.citizen.co.jp/research/time/20160610/
01.html，シチズン HP，2016

3)　外あそび推進の会 HP
https://kodomo-sotoasobi.com/kankyo/genjo.html

4)　学研教育総合研究所小学生白書シリーズ　https://www.gakken.co.jp/
kyouikusouken/whitepaper/201908/chapter7/01.html，2019

5)　前橋明編著（2015）幼児体育用語辞典，大学教育出版，34-35

第 3 章

こころもからだも育む ASOBI プログラムとは？

1. ASOBI とは？

あそびは、誰もが大好きで誰もが夢中になれるものです。

筆者の運動指導で提供する「あそび」とは、人的環境を踏まえた教育的な意図を含むプログラムであるため、通常の自由なあそびと区別し、教育的価値を含むあそびとして「ASOBI」と表記している。正式名称では、体育あそび[1] というが、一般の方にも違いが分かりやすいようにローマ字表記にし、こころもからだも育み総合的な人間形成を促すプログラムとして考えている。

2. ASOBI プログラムとは？

あそびとは、杉原氏 [2) は、「心理学的にみた場合、ある活動が内発的に動機づけられた状態が遊びである」としている。つまり、なわとびをする時に例えると、なわとびをする動機がどこにあるかということになる。なわとびができるようになってメダルをもらいたいからするというような動機が外にある場合、メダルをもらうことが目標となり、なわとびをすることが手段となる。その場合は、外発的動機づけとなり遊んでいる状態ではない。いっぽう、なわとびをすること自体が楽しくてする場合は、なわとびをすることと目標が同じであるため、動機が内にある。その場合は、内発的動機づ

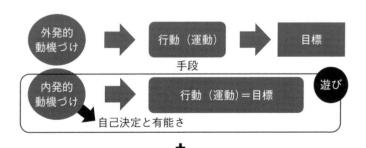

図 3-1　外発的動機づけと内発的動機づけの違い
杉原（2000）資料を参考に作成

けとなり、遊んでいる状態であるということになる。

　くわえて、杉原氏 3) は、「自己決定と有能さの認知を追及する内発的に動機づけられた状態である」としており、なわとびをすることや跳び方を自分で決めること、なわとびが跳べる有能さを感じることが、内発的に動機づけられるということになる。

　また、あそびという観点からではなく、自ら学ぶという観点からみると櫻井氏 4) 5) は、自身の提唱する「自ら学ぶ意欲」の特徴の中で、必要不可欠だと考えるのは、「知的好奇

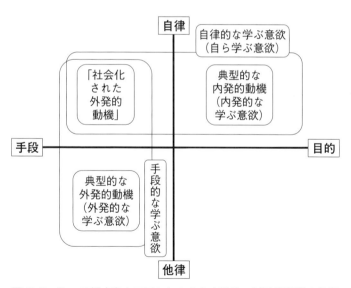

図 3-2　２つの観点をクロスしたときの内発的－外発的動機の分類
櫻井（2009）資料より作図

心」と「有能さへの欲求」としている。そして、「自ら学ぶ
意欲のひとつである内発的な学習意欲は、幼少の頃（乳幼児
期）から活発に働くが、もうひとつの自己実現のための学習
意欲は、小学校高学年（小学4年生頃からとしている）の
頃（児童期あるいは思春期）から徐々に働くようになる」と
している。杉原氏のところで紹介した「手段−目的」の観点
ではなく、「自律−他律」の観点として捉えると外発的な動機
づけでも、自ら学ぶ意欲に入っていくことは、とても興味深
い。

　筆者は、遊んでいる状態とは、受動的ではなく、能動的
に何かに夢中になっている状態と考えているため、上記の各
理論を参考にし、幼児期・児童期の学ぶ基礎として内発的動
機づけを重視している。

　そして、内発的動機づけの考え方とあわせて年齢別の発
達の特徴（大人の真似をしたがる時期やイメージの世界で
なりきって遊ぶ時期、決まりやルールを認識して遊ぶ時期な
ど、何に楽しみを感じるか）もプログラムを作ることを基本
としている。この年齢別の発達の特徴を取り入れていくこと
は、櫻井氏のいう「知的好奇心」の部分と重なっているよう
に考えている。

　あそびに関して杉原氏 3) は、「ある活動を遊びか遊びでな
いかの二分法で捉えることが適切でない」「その活動がどの
程度遊び的に行われているか連続体としてとらえる必要が

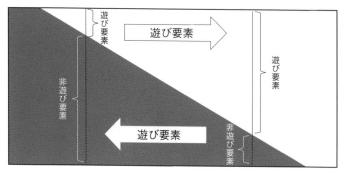

図 3-3 連続体として捉えた遊び
杉原（2000）資料より作図

ある」ともしている。つまり、指導者のプログラムの提供の
仕方によってあそびの要素が非あそびの要素よりも高まった
り、非遊びの要素が遊びの要素よりも高くなったりとする。
指導者が○○あそびと提供していても子どもたちにとって非
あそびの要素が強い場合があるため、子どもたちがどのよう
に感じているかを大切に提供する必要がある。

　筆者が考える ASOBI プログラムは、教育的価値をねらっ
て行う活動においてあそびの要素を高めた「どんな子も夢中
になって参加するプログラム」と捉えている。

3. 子どもが主体となる自己決定の大切さ

　子どもが主体として活動することは、子どもたちをあそびの主役にし、あそびに夢中になるためにとても大切なことだと考える。杉原氏の考える遊びの要素を高めることの一つに自己決定があり、子どもが主体となることは自分で決めることである。子ども自ら創造したり、選択したりとする機会を増やすような設定を作り、子どもたちから出るアイデアや発想を展開することが大切だと考えている。

4.「できた」という有能さが大切

　杉原氏の考える遊びの要素を高めることのもう一つが有能さである。有能さを感じるにあたって筆者はできるようになる過程と難易度とスキルのバランスが重要だと考える。そこで筆者が参考にしているのが、金子氏の運動形成の５位相 [6) 7)] とチクセントミハイ氏のフロー理論 [8)] である。

（1）　金子氏の運動形成の５位相
　金子氏は、マイネルの運動形成論における３位相に加え運動感覚意識まで広げて５位相に区別している。

① 原志向位相「嫌な気分はしない段階」

　運動を始める前の雰囲気を全身で感じとる状態にあたるもので、その運動に対して嫌ってさけない、嫌な気分はしない段階。

② 探索位相「わかる気がする段階」

　運動に対して自らの運動感覚を探りながら、なんとなく動く感じがわかる気がする段階。

③ 偶発位相「できるような気がする段階」

　なんの前触れもなく、偶然に一度できたような状態。運動感覚的にどこかに紛れ込んで隠れているコツやカンが近づきつつあるような、できるような気がする段階。

④ 図式化位相「できるという確信がもてる段階」

　偶然できた時の運動感覚に似た図式を探し、すり合わせるのに何度も繰り返し夢中になることで、思うような動く感じに出会えるようになった状態。コツが身体化され、できるという確信がもてる段階。

⑤ 自在位相「思うままに動いてすべて理に適っている段階」

　いつでもどこでも何らの心身の束縛も障害もなく思うままに動いてすべて理に適っている段階。

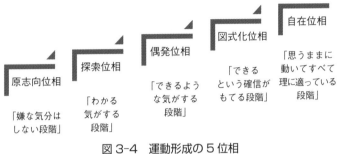

図3-4　運動形成の５位相

金子（2002）資料より作図

　運動ができるようになるまでに①〜⑤の５つの段階を経る。運動に苦手意識がある子や嫌いだと思う子は、その運動に対して「嫌な気分」「わかる気がしない」「できる気がしない」という運動感覚の感情にあると、運動をしようとは思わない。指導者は、プログラムを提供する時にその子が「やってみたい」や「わかる気がする」「できる気がする」と思うような段階になるような運動やその子の持つ運動感覚的に似た動作の経験（アナロゴン）、その子にとってほんの少し難しいスモールステップをうまく活用する必要があると考えている。

（２）　チクセントミハイ氏のフロー理論

　フロー[6]とは、ほかのすべての思考や感情が消失するほど、自分の行為に完全に没入しているときの意識状態であり、一般的な呼び名としては、最適経験、ゾーン、最高の気

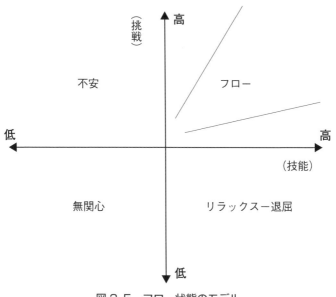

図3-5　フロー状態のモデル
チクセントミハイ（2005）資料より作図

　分、完全な集中状態などがある。フローの状態を表す１つ
の要素が表の CS バランスである。縦軸の挑戦（Challenge）
という課題の難易度と横軸の技能（Skill）という個人の能力
の程度によってどのような心理状態になるかという図とな
る。ここでの技能は挑戦する本人の心理状態であり、周りの
大人や客観的なデータにもとづく技能ではないことを注意し
なければならない。
　する人の技能（能力）が低く、挑戦（課題）が高いと不安

になってしまう。逆に技能（能力）が高く、挑戦（課題）が低いと退屈さを感じてしまう。技能（能力）と挑戦（課題）がちょうど良く交わるフローの状態になると集中し没頭できる。指導者は、対象の子どもの技能（能力）に合わせてあそびの難易度を低いところから少しずつ上げ、両方が交わる点がフローの状態（子どもが集中して没頭している心理状態）になった時の難易度に設定する。または、子どもが複数の場合は、複数の難易度を設定し、子どもたちが選べるようにあそびの課題を提供すると子ども達は、フロー状態になりやすいと考えられる。

　2．ASOBI プログラムとは？　では、内発的動機づけを条件とした自己決定と有能さの大切さを述べた。前者は 3．子どもが主体となる自己決定の大切さに結びつき、後者は 4．「できた」という有能さが大切というところで述べた、運動形成の 5 位相やフロー理論で運動をする本人の心理状態が大切というところに結びつく。運動する者がやる運動課題を決める事は、「嫌な気がしない」「わかる気がする」「できる気がする」課題を選びやすく、フローになりやすい課題を選びやすくなる。自己決定は、自己が夢中になる課題を選ぶことにつながり、自己の有能さを高めることにつながる理に適ったものと考えられる。

（3）　基礎感覚

　感覚統合療法の理論を提唱したアメリカの作業療法士アンナ・ジーン・エアーズ[9]は、子どもが遊ぶ1つの理由は、感覚入力を得るためといっている。子どもは、遊びを通して、運動と情緒の発達に不可欠な感覚入力を身体、および重力から受けとる。その感覚とは、さまざまな動作から生まれる莫大（ばくだい）な量の前庭感覚、固有受容覚、および触覚である。木村氏[10]は、作業療法士のエアーズの感覚統合療法をベースとして感覚遊び・運動遊びの取り組みを行っており、根本氏[11]も作業療法士エアーズの感覚統合理論を参考に特別支援教育と体育の融合での効果的なアプローチとして初期感覚づくりと基礎感覚づくりを紹介している。それらを参考にして筆者は、3つの感覚とそれに準ずる8つの基礎感覚に注目している。

【3つの感覚】

視覚や聴覚などの5感と違い、自覚しない感覚。

①　触覚

　　自らさわる時と人にさわられる時に感じる感覚である。

②　固有覚

　　筋肉と関節の感覚であり、手足や体の動きを詳細に感知し、力加減や思い通りに体を動かすといった感覚である。

③　前庭感覚

　　姿勢の維持や調節などに関わる感覚で平衡感覚やバランス感覚とも呼ばれる。

【8つの基礎感覚】

　　触覚・固有覚を受け止める刺激が活性化する。

①　筋緊張　運動あるいは姿勢を保持する時に筋肉の伸張に対する受動的抵抗。

②　重量・抵抗　体に加わる重さを感じ、体に加わる抵抗を感じとる。

　　前庭感覚を受け止める刺激が活性化する。

③　回転感覚　上下左右の回転を感じとる。

④　逆さ感覚　頭と足が反対の位置関係となり逆さになる。

⑤　高低感覚　高低差を感じとる。

⑥　ゆれ感覚　前後左右のゆれを感じとる。

⑦　加速度・減速度感覚　滑ることや乗り物といった進む速度を感じとる。

　　触覚・固有覚・前庭覚を受け止める刺激が活性化する。

⑧　空間認知　自分と自分以外との空間を把握したり、ものがある場所・向き・大きさ・姿勢・形・速さ・物体どうしの位置関係など認知する能力

（4）　多様な基本的な動作の経験

　多様な基本的な動作とは、走る、跳ぶ、蹴る、回る…といった動詞が当てはまる。これらの基本動作は、小学校低学年までに身につけさせてあげたいものであり、身に付きやすい時期となる。

　図の成長期と各種体力の向上に適正な年齢範囲 [12)] では、小学校の低学年までの時期にからだをうまく動かす能力（調整力）が習得しやすい様子を表しており、からだをうまく動かす能力は、すなわち思い通りに身体を動かせるようになることである。小学校中学年くらいから長く運動を続ける能力（持久力）が発達していき、中高生くらいで大きな力を出す能力（筋力）が発達しやすくなっている。

　基本的な動作は、多くの種類があり、それをすべて把握しながら行うことはとても困難である。そこで、基本的動作

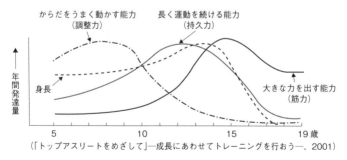

図 3-6　成長期と各種体力の向上に適正な年齢範囲
出典：日本体育協会　公認スポーツ指導者養成テキスト

を大きく4つに分けることができる運動スキル[13] をご紹介したい。

●移動系運動スキル…移動に伴う基本的な動作を伴うもので、走るや跳ぶ、登るといった動作にあたる。
●非移動系運動スキル…移動を伴わない基本的な動作であり、鉄棒にぶら下がる、動かない壁を押す、荷物を持つというような動作にあたる。
●平衡系運動スキル…バランスをともなう基本的な動作であり、平均台を渡る、片足で立つ、逆立ちをするというような動作にあたる。
●操作系運動スキル…物の操作に伴う基本的な動作であり、物を投げる、打つ、蹴るというような動作にあたる。

　子どもたちにバランスよく基本的な動作経験を身につけさせてあげる場合、この4つのスキルに注目して計画を立てるのも良い。

平衡系
運動スキル

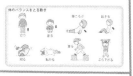

操作系
運動スキル

移動系運動スキル
＋
非移動系運動スキル

図3-7　多様な動作とは？　4つの運動スキル

出典：文部科学省（2012）『幼児期運動指針ガイドブック』の資料より作図

（5）　動作の洗練化

　動作をタイムや距離といった運動の量でみるのでなく、動作を合理的、合目的的な運動として質的にみる見方がある。たとえば、下記の図は、投げる動作の発達段階を示しており、この発達段階をもとに子どもたちの投げる姿を見ながらどの発達段階にいるのかをみる指標となる。子どもたちが遊んでいる様子からさまざまな動作をしている様子を見ることで動作がどこまで洗練化しているか観察し、動作経験の偏りや経験不足の動作を見つけ、子どもたちへ発達段階に合ったあそびの提案をしていくことができる。

表3-1　投動作発達段階

「投げる動作」の動作発達段階の特徴		動作パターン
パターン1	上体は投射方向へ正対したままで、支持面（足の位置）の変化や体重の移動は見られない	
パターン2	両足は動かす、支持面の変化はないか、反対側へひねる動作によって投げる	
パターン3	投射する腕と同じ側の足の前方へのステップの導入によって、支持面が変化する	
パターン4	投射する腕と逆側の足のステップがともなう	
パターン5	パターン4の動作様式に加え、ワイントアップを含む、より大きな動作が見られる	

出典：文部科学省（2012）『幼児体育指針ガイドブック』の資料より作図

（6）　多様な動作経験から動きの洗練化をするとどうなるか？

　多様な動作経験を得て、動きの洗練化をしていくと複数の動作を同時に行う技ができるようになっていく。図のような運動あそびをしたとする。

●親子たいそうで子どもが喜ぶ「くるりんぱ」のあそび。子どもの手を握り、子どもは大人の足をつたって駆け上がる。そして、子どもは、足を両手の間から頭の後ろ側へ移動させ、後ろ回りをするように回転する。

●鉄棒に縄をくくりつけ、足場にすることで、移動できるようにする鉄棒のアスレッチック。鉄棒の下に降りないよ

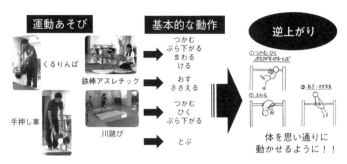

図 3-8　基本的な運動動作（多様な動き）を経験するとどうなるの？

うに手と足に力を入れ、鉄棒の端から端へ渡っていく。

●親子たいそうで子どもが喜ぶ「手押し車」。高這いになった子どもの両足を持ち上げ、子どもは、両手で体を支えながら前に進んでいく。

●マットを川に見立てて川に落ちないように跳んでいく「川跳び」。立ち幅跳びのように跳んだり、走ってきて３段跳びのように跳んで連続で跳んだりする。

　これらの運動あそびから「つかむ、ぶら下がる、まわる、ける、おす、ささえる、ひく、とぶ」というような基本的な動作が身につく。合わせて足で地面を蹴り、足を頭の後方へ移動させるような運動の方向性の感覚、体を反るような体の使い方を身につけたら、運動のコツが出てきて逆上がりができるようになっていく。

　すなわち、技に必要な基本的な動作が身についていれ

ば、運動の方向性や感覚により運動のコツが出てきてできるようになる。しかし、どれか一つでも基本の動作が身についていなければできない。

いいかえれば、多種の基本的な動作を身につければ身につけるほど、逆上がりのような複数の動作を同時に行う技ができる可能性が高くなり、思い通りに身体を動かせるようになる。

（7）ASOBI プログラムのスモールステップと運動アナロゴン

図 3-8 は、当スクールの ASOBI プログラムを基礎感覚の簡単な運動から基本的な動作、技を習得するために必要な動作（運動感覚的に似た動作、運動アナロゴン）、スポーツの動作と分け、それらを難易度別のスモールステップにて整理した図 [14] となる。基本的な動作は、中村氏が提唱している 36 の動作 [15] のうち、平衡系運動スキル 9 個、移動系運動スキル 9 個、操作系運動スキル 18 個の動きを参考に運動スキルごとに ASOBI プログラムを整理した。

表を作成すると基本的な動作と難易度の高い運動（技）は関連が多く、難易度が高い運動になればなるほど必要となる基本的な動作や運動アナロゴンが多くなる。また、スポーツの動作においては、さらに多くのさまざまな運動スキルが必要になることがわかる。そして、3 つの感覚を身につける 8 つの基礎感覚は、すべての基本動作の運動で何かしら必要と

ASOBI プログラムのスモールステップと運動アナロゴン

　なることがわかり、乳幼児期の年齢が低いうちにたくさん基礎感覚を経験することが3つの感覚を身につけさせ、今後の運動を上達させる要素になる。

　幼児期運動指針 16) には「なぜ、様々な遊びを取り入れることが必要なのか」では、「タイミングよく動いたり、力の加減

をコントロールしたりするなどの運動を調整する能力が高まり普段の生活で必要な動きをはじめ、とっさの時に身を守る動きや将来的にスポーツに結び付く動きなど基本的な動きを多様に身に付けやすくなります」とあるが、この表によって基本的な動作からスポーツへのつながりがわかり、そして、乳幼児から小学生といった運動教育においてのつながりも同時にわかる。あわせて、より運動好きな小学生を育てるのにいかに乳幼児期の運動あそび経験が大切かもわかる。子どもたちがさまざまな運動やスポーツを楽しめるような運動能力を持ち、できるようになる体験をたくさん積むことは、有能さを高めることにつながり、日々の生活の意欲や友達といった人との関わりを充実させる社会性へのつながり、意欲的に遊びこむことで創造性を育むことへもつながると考えられる。

5. 楽しいから生まれる好循環 [17)]

　子どもたちがとにかく「楽しい」から始まると「もっとする」につながり、「もっとする」から「うまくなる」になり、「続ける」につながる。「続ける」までつながると「もっとうまくなる」につながり、「楽しい」…と循環していく。この楽しいから生まれる好循環は、運動量を増加させ、運動量の増加から運動の質の高さが生まれてくる。

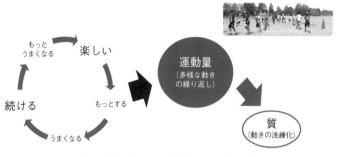

図3-9 「楽しい」から生まれる好循環

「好きこそものの上手なれ!!」

ASOBI プログラムから、いかに運動を「楽しい」から「続ける」につなげるか。体育あそび指導は、運動の魅力を伝えるきっかけづくりであり、運動を続けられるような環境づくりを行うことが大切だと考える。

【参考文献】
1) 前橋明編著(2015)幼児体育用語辞典,大学教育出版,34-35
2) 杉原隆(2014)幼児期における運動発達と運動遊びの指導〜遊びのなかで子どもは育つ〜,ミネルヴァ書房,34-35
3) 杉原隆編著者(2000)新版幼児の体育,建帛社,18-19
4) 櫻井茂男(2009)自ら学ぶ意欲の心理学,有斐閣,8,18
5) 櫻井茂男(2017)自律的な学習意欲の心理学 ― 自ら学ぶことは,こんなに素晴らしい,誠信書房,10

6)　金子明友監修（1996）教師のための運動学運動指導の実践理論，大修館書店，44-46

7)　金子明友（2002）わざの伝承，昭和出版，417-430

8)　スーザン・A ジャクソン／ミハイ・チクセントミハイ著　今村浩明／川端雅人／張本文昭訳（2005）スポーツを楽しむ ─ フロー理論からのアプローチ ─，世界思想社，i. 6. 52

9)　A, Jean Ayres, Ph.D.（1982）子どもの発達と感覚統合　協同医書出版社，255

10)　木村順（2010）発達障害の子の感覚遊び・運動あそび，講談社，40-47

11)　根本正雄（2017）発達障害児を救う体育指導，学芸みらい社，2, 3

12)　日本体育協会（2005）公認スポーツ指導者養成テキスト共通科目Ⅰ，139-144

13)　日本幼児体育学会編著（2009）『幼児体育【専門】』，大学教育出版，62-64

14)　下﨑将一（2021）日本幼児体育学会第 17 回大会口頭発表　研究題名「有能さを高める ASOBI プログラムの実践から理論化へ」

15)　日本トップリーグ連携機構公式サイト
https://japantopleague.jp/static/special/playwithball_0006/

16)　文部科学省（2012）幼児期運動指針ガイドブック，8

17)　下﨑将一（2019）日本幼児体育学会第 15 回大会口頭発表　研究題名「ASOBI プログラムの楽しいから生まれる好循環の可能性」

第 **4** 章

あそびを子どもたちに合わせる ASOBI 指導の工夫

1. 同じあそびを年齢に合わせて発展させていく

　本屋に行くとさまざまな運動あそびの書籍が並んでおり、その内容はよく〇〇歳向けのあそびというように年齢ごとにあそびを紹介している。もちろん、その年齢によってあそびを行い、子どもたちが「楽しい」と思える運動を紹介して「もっとする」から「続ける」につながるような好循環を作っても良いとは思う。

　しかし、どの年齢の子どもたちにも同じあそびを提供できたらどうだろうか。また、提供する時期も同じような時期に各年齢の子どもへ提供するとどのようになるだろうか。外で自由あそびが始まり、子どもの誰かがそのあそびを始めたら、どの年齢の子もその知っているあそびに興味をもっていたら各年齢の横のつながりだけでなく、異年齢による縦の

つながりで遊ぶようにならないだろうか。「そのあそびやったことがある」や「お兄ちゃん・お姉ちゃんと一緒にやりたい」や「真似してやりたい」といったように年齢が下の子どもたちは、年齢が上の子どもたちのあそびに混ぜてもらい、年齢が上の子どもたちは、下の子どもたちに教えてあげたり、一緒にやってあげたり、譲ってあげたりと思いやりや新たなルールであそびが展開される。大人があそびを子どもたちに提供し続けなくても子どもたちだけであそびが伝承していくようになることは理想である。

　第3章の内容にある子どもたちが何に楽しみを感じるか（知的好奇心）を理解し、あそびを知的好奇心や有能さに沿って行うことで、同じあそびでもその子どもたちに合わせて楽しく展開させることができる。

　その年齢に合ったあそびを選んでいくのではなく、その年齢の子どもたちに合わせてあそびを展開させることができることが理想である。

2. 年齢ごとの発達の特徴

　図のように年齢が上がっていくにつれてからだの育ちや心の育ちが変化していく。子どもたちのこころとからだの技能（能力）に合わせて挑戦（課題）を合わせていく。やさしいものから難しいものへ子どもたちの様子をみて一番夢中に

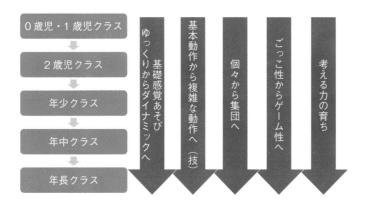

なる環境づくりを行い、集団の差がある場合は、複数の難易
度における課題を用意することで、子どもたちは自分で選択
しながら行っていく。また、物的環境だけでなく、人的環境
も考慮し、子どもと大人との関わりや子ども同士の関わりも
大切な環境づくりの要素となる。子どものできたことを子ど
もと一緒に喜んだり、認めてあげたりする。子どもが楽しむ
基礎感覚を作り出すために補助をしたり、物を動かしたりと
いった関わりを作る。子どもの発達の特徴を踏まえ、子ども
の発達に合わせたあそびの提供や子どもの発展のきっかけを
提供することが大切である。

（1）　基礎感覚あそび

　揺らしたり、回したり、高くしたり、滑らせたりとさまざまな感覚では、子どもが楽しむ中で、だんだんとゆっくり（やさしい）からダイナミック（難しい）にすることで、子どもへの感覚刺激を入れていく。さまざまな遊具や手具といった道具を使ったあそびもできるが、まずは、いつでもどこでも簡単にできる親子たいそうがお勧め。経験不足で不安がったり、怖がったりする子どもも信頼する大人と一緒にでき、手を握ったり、しがみついたりすることで安心して感覚あそびをダイナミックに楽しめるようになっていく。

例①　バランスバランス

　正座になった大人の太ももにバランスをとって立つ。太ももを左右に揺らしたり、開いたり、お尻を上げ角度をつけたりと難易度を上げ、バランスあそびをする。

バランスバランス

例②　逆さ移動

　大人は、子どもを抱っこし、骨盤のあたりをもって逆さにする。手を万歳にするなど逆さに慣れてきたら、逆さまの状態で回転する。降りる時は、地面に手を着き逆立ちさせ、足を下す。慣れてくると子どもを背面から逆さにして持つ。

逆さ移動

例③　背中滑り台

　大人は、子どもと向かい合いお辞儀のように頭を下げさせ、体を脱力させる。大人は、子どもの骨盤のあたりを持ち、担ぎ上げるように子どもを背中に乗せる。大人は、子どもの着地の能力に合わせて腰を落とし高さを調節し、背中を滑らせ子どもを着地させる。

背中滑り台

　また、お友だち同士で遊べるようになってきたら2人組でお友だちと息を合わせて横転や引っ張りあそびなどができるようにもなる。

２人組横転

（２）　基本的動作から複雑な動作へ

　基礎感覚を身につけながら、はう、あるく、またぐ、つかむ、登る…といった初歩的な動作や基本的な動作を繰り返すことは、とても楽しい活動となる。何度も何度も繰り返す中で動きが洗練化し、動きがスムーズになっていく。年少さんくらいまでには一通りの基本的な動きが身に付いてくるため、子どもの動作の技能（能力）に合わせて挑戦（課題）を作り、さまざまなスキルを経験できる環境を作ってあげることでバランスよく思い通りに動かせる体の使い方が身につく。年中さんくらいになってくると、それまでに身につけた基本的な動作を使って、近くのお友だちや大人の運動へ「かっこいい」や「僕もできるようになりたい」と真似をするようになり、複数の動きを同時にするような複雑な動作（技）が少しずつできるようになってくる。複雑な動作（技）

楽しい基本的動作の繰り返しの様子

複雑な動作（技）

は、前提としてその動作に必要な基本的動作や基礎感覚が土
台となるため、バランスよく様々な動作を経験できる環境を
与えたいところである。

（3）　個々から集団へ

　無藤[1]は、あそびに対して「1人で遊ぶしかうまくできな
い段階（2・3歳）から並行遊び（同様の遊びを傍らで行う
が相互交渉がない）、共同遊び（一緒に同じ遊びをする）、協
同遊び（互いに役割や動きが相互補完して全体としての遊び
を実現する）へと幼児期に進んでいく」とある。

　1人で遊ぶしかうまくできない段階から並行あそびの時期
では、個々でやりたくなる環境づくり（繰り返しの動作が楽

組あそびの様子

しめる設定）からコーナーあそびを展開していく。共同あそびや協同あそびになっていく時期では、徐々に簡単なルールのあるあそびやイメージの中でのあそびを展開していく。協同あそびができる時期になってくると2人や3人といった組あそびを展開し、さまざまなムーブメントあそびの中から相手との身長や体重といった個々の違いや全力を出す力加減と調節して行う力加減、相手に力をかけることからの相手の反応やかけられることへの経験から生まれる相手への思いやり、といった人との関わりも学んでいく。またさらに人数を増やし集団にしていき、達成感を得るような展開もできる。大人数で遊ぶことのできるルールのあるあそびやそれぞれに役割が生まれるような対戦するあそびへの集団あそびにも展開できる。

短なわの電車あそび

（4）　ごっこ性からゲーム性へ

　無藤は、あそびに対して1歳半から3歳くらいの時期に、何かに見立て、動かし、またそれにふさわしい動きを自ら行うふりあそびが出現するとしている。ふりあそびは次第に物語性が加わっていくとともに、大人の発言や代弁などによるごっこあそびから3歳から4歳で子どもが主体となるようなごっこあそびが展開できるようになる。また、ごっこあそびは子どもの中で役割が出てきたり場所が作られたりと発展し、テレビのヒーローになりきってあそぶヒーローあそびも登場する。幼児期終わり近くになるとルールのあるあそびの

パワーアップの変身ポーズ

倒せ!! マット怪獣

面白さがわかるようになり、ルールの多少複雑なあそびや児童期にかけてドッヂボールのようなスポーツも導入されていく。

　図は、怪獣になったマットをみんなと力を合わせて押して倒すあそびである。ゲームを理解した後、怪獣がパワーアップすることに対して子どもたちもパワーアップの変身を促す。変身ポーズは、仮面ライダーのような変身ポーズをと

る子やボディービルダーのようなポーズをとる子、ウサギや
ゴリラのような動物に変身する子もいる。中には、みんなに
見せたいと手を挙げるものの、注目され固まってしまう子も
いるが、他の子を参考に変身を見せることができた。実際に
あそびが始まると大きな声で立ち向かう姿や仲間を呼んで協
力して倒す姿、少々ぶつかっても飛ばされても諦めない姿が
見られるあそびとなった。

　また、「生活年齢と遊びのきまりとの関連」の図 2) 3) から
も年中さんくらいから徐々にルールがあるあそびの面白さ
（ゲーム性のあるあそ
び）がわかってくる。
そして、運動場面の競
争で負けて悔しがる子
どもの割合の発達的変
化の図 3) では、4歳ご
ろから友達と競うここ
ろが育ってくるのがわ
かる。

　子どもたちのごっこ
性のあるイメージの世
界でのあそびからゲー
ム性のあるあそびへと、
あそびの内容は子ども

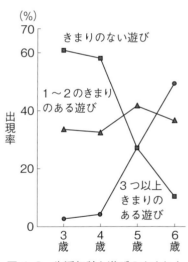

図 4-2　生活年齢と遊びのきまりと
　　　の関連

（出典：上武正二他編（1974）杉原
　　　（2000）．の資料より作図）

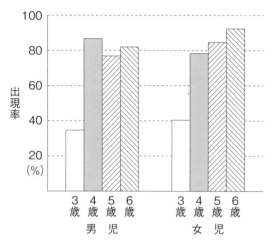

図4-3　運動場面の競争で負けて悔しがる子どもの割合の発達的
　　　　変化

（出典：杉原（2000）の資料より作図）

たちのこころの成長に合わせて展開していく。

　ゲーム性のあるあそびについては、ゲームによれば勝ち
負けのあそびにもなってくるため、負ける経験と勝つ経験が
偏らないようにバランスよく経験できるよう子どものこころ
の動きを見てていねいに行う必要がある。そのためのあそび
の工夫をとても大切にしたい。たとえば、筆者はドッヂボー
ルを行うときにボールを一つでは行わない。ボールを柔らか
いボールに変え、2つ、3つとボールを増やすことで、投動
作が経験不足の子どもも投げる場所やタイミングを工夫する
ことで当てられるチャンスを作る。ボールが増えれば増える

複数ボールのドッジボール

　ほど、投げられる機会も増え、別のボールに気を取られている子へ当てる経験もできるようになる。同じクラスでは、3月生まれと4月生まれの子では、約1年の発達差が出る状況も出てくる。発達の早熟な子だけが活躍するゲームだけではなく、晩熟な子も作戦や工夫次第で活躍できるような子どもたちの発達に合わせたルールを考え提供していく必要があると考える。

（5）　考える力の育ち
　子どもたちは、何かのイメージを頭の中に思い浮かべながらふりあそびを繰り返し、どんどん想像を膨らませながら遊んでいる。写真は、短なわを使って行った発想を育むあそ

びで実際に子どもが行った発想である。なわで作った乗り物に乗ってドライブ!! なわを細かく折りたたみ両端を持つバイクを子どもたちと一緒に行い、子どもたちの発想を促したら、車のハンドルに見立てたものや馬に乗っていくとなわをまたいでギャロップで進む子、なわを広げてちょうちょになって飛んでいく子とさまざまな発想が出てくる。車のドライブでは、鉄棒の遊具で「ガソリンスタンド!!」というと子どもたちは、持っているなわの先を遊具に押し付けたり、背中を押しあてたりと思い思いにガソリンを入れるふりをした。想像を膨らまし、発想を経て表現をするとても面白い遊びとなった。

　また、言葉の発達とともに知的面の発達も見られる。ジャンケンが理解できるようになってきたら筆者は、予告ジャンケンをする。「先生は、グーを出すからみんな勝ってよ!!」といつも正直にグーを出す。何度も繰り返していくと子どもの中から「パー出したら勝ちだね!!」と気づく子が出る。その言葉を聞いて理解した子は、必ず勝てるようになる。その次に宣言していたグーではなく、チョキを

出す!! 子どもは、予告と違うものに混乱し、駆け引きが始まっていく。

　先程の、ちょっとしたジャンケンのあそびは、ゲーム性のあるあそびやチーム戦での勝ち負けあそびでも子ども達は、考えるようになり、作戦や工夫を生み出していく。

　たとえば、チーム対抗のしっぽ取りをする。各チームがしっぽの色でチームを分け、しっぽを取り合う。何度も繰り返す中で、工夫が生まれてくる。ある子は、相手に背を向けて逃げることでしっぽを捕られないようにしていたが、相手に背を向けず、相手と向かい合って背後に行かれないように回転するようになったり、会場の端にいることで背後を守り、相手が背後を見せる隙をねらってしっぽを取りに行くよ

チーム対抗しっぽ取り

うになったりと工夫が見られた。また、チームの仲間と協力し、挟み打ちを行うようになったり、仲間で固まって行動するようになったりと遊びこむことで子どもたちは、考えて様々な工夫や作戦を立てるようになっていった。

3. 遊び込みから変わる楽しみ方の違い

あそびは、あそびの中からその楽しみが変わっていくことがある。こころの育ちからあそびの楽しみが変わることや何度も繰り返す中で技能（能力）が高まり、課題が別のところに出てくることで、楽しみ方が変わることがある。

例①　かけっこ

年少さんはとにかく一緒に走ることが楽しい。かけっこをしても途中で止まって友達が来るのを待ってからまた走り出す場面がある。また、年中さんくらいになり、競うこころが育ってくると、競争する楽しさに変わってくる。ゴールが近くになると、周りを見て自分の順位を確認する場面がある。そして、年長さんくらいになるとチームの一員というような心が育ち、リレーといったチームでの競争も楽しさに変化していく。こころの育ちによって同じかけっこでも楽しみ方が変わってくる。

例② 鬼ごっこ

　鬼に捕まらない達成感がうれしくて楽しい。また、ある子は、鬼になって多くの子を追いかけて捕まえることが楽しくなる。そして、氷鬼のような助け鬼をするようになると逃げ切るだけでなく、たくさんの友達を助けることが楽しくなってくる。繰り返し何度も行うことで自らの課題が変わり、より難易度が高いことに挑戦し、達成感が楽しく感じる。

例③ ドッジボール

　ボールに当てられず、避け続けることが楽しい。また、ボールで多くの相手を当てることを楽しく感じる。そして、ボールを取ることやボールで相手を当てて仲間を助けたり、仲間を増やしたりとチームが勝つことに貢献できることに楽しさを感じていく。繰り返し何度も行うことで自らの課題が変わり、難易度が高いものに挑戦することと同時にこころの育ちからチームの一員として勝ちに貢献することに楽しみを感じる。

4. イメージの世界で遊ぶ楽しさ

　「2. 年齢ごとの発達の特徴の（4）ごっこ性からゲーム性へ」のところでもふれたが、ふりあそびに物語が加わり、子どもたちは、想像のイメージの世界であそびを楽しむ。その

中で、何気ない運動も少し想像の設定を入れるだけで、一気に子どもたちは夢中になることがある。

例①　動物鬼ごっこ

「何か後ろから来たよ!!」

人差し指を立てて角を作り…「もぉ〜〜!!　もぉ〜〜!!」

「牛だ〜〜〜!!!」「逃げろ〜〜〜!!!」

という風に動物が追いかけてくる想像の設定。何気ないランニングが鬼ごっこへと変わり、子どもたちは、架空の緊急事態になることで夢中になって走って逃げる。

　※室内といった人数に対して狭い場所で行う場合、子ども同士の衝突の注意が必要。追いかける時は、ゆっくりと追

動物鬼ごっこ

いかけはじめ、子どもたちがぶつからない動線ができ始めたら追いかけ始める。

例②　おおきなカブの綱引き

　子どもたちがよろこぶ絵本の物語に「おおきなカブ」がある。おおきなカブの物語は、おじいさん、おばあさん、孫、犬、猫、ネズミとさまざまな登場人物が現れ、おおきなカブを抜くために「うんとこしょっ、どっこいしょっ、うんとこしょっ、どっこいしょっ!!」とみんなで力を合わせてリズムよく引っ張り、カブを引っこ抜く物語である。

おおきなカブの綱引き

　劇ごっこの行事でも取り上げる園は多くあるのではないかと思う。そんなお話を知った後に物語から綱引きあそびにつなげる方法が子どもの想像をかき立て積極的な参加を促していく。

　「ある日、先生のおおきなカブがありました!!」子どもたちに「おじいさん来てください!!」というとおじいさん役の子ども達が前に並ぶ。子どもたちに「じゃあ大きな声で引っ張るよ!! せーの!!」というと子どもたちは、「うんとこしょっ、どっこいしょっ、うんとこしょっ、どっこいしょっ!!」と引っ張る。その後先生が、「まだまだカブはぬけません。じゃあどうする？」と子どもに聞くと、子どもたちは「おばあさんを呼ぶ。」と言い、さらに「おばあさん手伝って!!」と言う。そうすると、おばあさん役になりたい子がやってきておじいさん役の子どもの後ろに並ぶ。そして、また子どもたちに「じゃあ大きな声で引っ張るよ!! せーの!!」と続けていく。最後の子どもが何かしらの役になり、全員で引っ張った時に先生のおおきなカブが抜ける。一連のあそびが終わったらまた何度も繰り返したり、子どもがかぶ役にもなったりと発展していく。

　何度か繰り返していくとなかなか参加せずにじっと呼ばれるのを待つ子どもの姿が出てくる。「なんの役ですか？」と聞くと、「仮面ライダー」や「プリキュア」などと自分の変身したいものになり、より想像力を膨らませ、発想して楽

しんでいる。このような展開で、あそびの要素たっぷりの指導になった。

例③　魚釣り

　短縄を釣り糸に見立てて大きな先生の魚を釣る。魚釣り島と海の境界線を線で引き、島から海に向かって子どもたちは、からだ全体を使い釣り糸を遠くに投げる。先生は、「おいしそうなエサがついてるのはどれかな？　パクッ!!」と近くの複数の短縄を持つ。子どもたちは、つながった短縄を一生懸命、他のお友だちと力を合わせて釣り上げる。

　何度も繰り返す中で、子ども達に「なんのエサをつけてるの？」と聞き、「それは、さっき食べたから別なのがいいな？」「なんか今が旬な食べ物を食べたいな!!」などと子どもたちに言葉かけすると子どもたちは、頭をフル回転して食

魚釣り

べてくれそうな物やお友だちと違った食べ物を考えていく。
言葉のやりとりを入れながら子どもたちは繰り返し何度も夢
中で縄を投げ、縄を引張った。

5. 異年齢でのあそびにおける「楽しい」の違い

　第4章では、子どもたちの発達の特徴に合わせたあそびの
発展についてふれてきた。発達の段階に合わせた展開が子ど
もを夢中にしていくが、同世代の横割りの保育だけでなく、
異年齢の縦割りの保育でも子どもが一緒に楽しむことができ
る。その場合、それぞれによる楽しさが異なっていることが
考えられる。

　次の写真は、第5章でも紹介するエンドレスリレーであ
る。運動会で年長さんがクラス対抗のリレーを行い、練習段
階から勝ったり負けたりと本番まで盛り上がった運動会後の
週で、朝の自由あそびの様子である。運動会で楽しい思い出
となった年長さんはもちろん、年長さんを見て「かっこいい
な」「やってみたい」「何してるのかな」と思った下の子ども
たちが参加したり、見学したりとしている。よく見ていると
子どもの中には、ルールがまだよくわからず、トラックの内
側を走る子がいたり、違うチームに渡そうとしたりする子も
いる。近くで見ていた小さい子がいたので、年長さんに「や

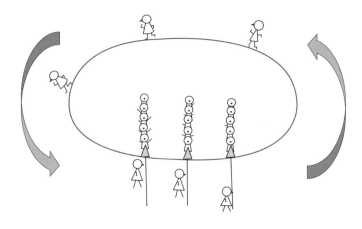

エンドレスリレー

りたいみたいだから教えてあげて」と伝えると、それから一
緒に走って教えてあげる姿が見られた。走るコースが違った
り、違うチームに渡したりする状況があっても、エンドレス
リレーは滞りなく続いていった。

　異年齢の参加で運動会の時の競争のリレーとは違っているが、何度も何度も走る子どもたちはそれぞれに楽しみをもって続けている。ある子は、競争して抜かしたり、仲の良い友達と走れたりすることを楽しく感じている。ある子は、小さい子のお世話をしてあげたくて一緒に並んで一緒に走っている。また、お兄さん、お姉さんと一緒にできることや参加していることが楽しくて、並んでいる。子どもたちは、それぞれの楽しさを持ちながら同じリレーあそびを繰り返し、ルールにも臨機応変に対応している姿があった。

　ルールとは、守らなければならないものとしてあるが、前提として、ルールはそのあそびをする人の納得の上で成り立っている。参加しているすべての人の納得の上で、ルールが変わっていても良い状況ならば、その変わったルールが新しいルールとなり、新しいルールの中でみんなが楽しく遊べ

る。

　指導者が行う体育あそびの教育目的としてルールを理解して守ることを重要視していない活動であれば、あそびのルールは、参加者の納得の上で臨機応変に変わることも大切だと考えている。

【参考文献】

1)　子安増生・二宮克美編者（2004）【改訂版】発達心理学，新曜社，124-126

2)　上武正二他編著者（1974）児童心理学事典，協同出版，385

3)　杉原隆編著者（2000）新版幼児の体育，建帛社，33

第 5 章

苦手意識ある子どもたちも夢中に させる工夫

1. あそびのエンドレス展開

　競争的なあそびはとても盛り上がり、見ている人を楽しませてくれる。しかし、実際にする子どもたちは、それぞれどのような思いでそのあそびをしているのだろうか。勝てば楽しく有能感を感じ、負けたら悔しく嫌悪感を抱いているのではないか。負けた時に次への前向きな思考を身につけることができていたら良いが、前向きな受け止め方を身につけていない子は、泣いてしまったり、次からやらない、つまらない、自分は運動ができないと思ってしまう子もいる。

　そんな時に負けたり失敗したりしても何度も挑戦できるエンドレスのルールであればどうだろうか。また、少し運動経験が劣っていたり、発達がゆっくりだったりしても勝つチャンスや成功するチャンスがあるようなルール設定であれ

ばどうだろうか。少し失敗しても何度も挑戦できたら、勝つ経験（成功の経験）も負ける経験（失敗の経験）もできる。負ける経験（失敗の経験）から次は、頑張るぞと思う気持ちになったり、次はどうしたら勝てるか上手くできるかを考えるようになったりする。考えがうまくいき勝つ経験（成功の経験）となれば、負けた（失敗した）原因を自分の能力に帰属させるのではなく、自分の行動や作戦、努力に帰属させやすくなる。

（1）　しっぽとり

　しっぽとりは、お尻につけたしっぽを取り合うあそびで、鬼ごっこのように相手を捕まえたり逃げたりする楽しい遊びである。よく書籍やインターネットで見るルールとして、決められた枠の中で、みんなでしっぽをつけて取り合い、取られたら枠の外に出て最後に残る人を決めるあそびとして紹介しているように思う。また、チームの一員としての心が育ってくる年長さんくらいになってくるとチームに分かれてしっぽを取り合い、どちらが最後まで取られず残っているか競う勝ち負けあそびもある。しっぽとりあそびを何回戦も行うにしても、1回取られたらおしまいのルールでは、なかなか取れない子は、負ける経験ばかり繰り返し、消極的になってしまうことが想定される。

　そこで、何回とられても何度でも挑戦できるエンドレス

なルールを考える。

●エンドレスしっぽとり

【遊び方】

①　しっぽ取りをする枠を決め、枠の目印を置く。

②　子どもたちは、コーンの目印を先頭にして1列に並ぶ。

③　場所や人数、子どもたちの衝突回避能力に合わせて
　　枠の中でしっぽ取りを行うプレイヤーの人数を決め、
　　列の先頭から順番にしっぽをつけて枠の中に入る。

※想像がつかない場合は、少し少ない人数から始め、安全性が大
　丈夫そうであれば、プレイヤーの人数を増やして様子を見てい
　く。

④　先生のスタートの合図で、しっぽを取り合う。

⑤　もししっぽを取られたら、しっぽを取った人から返
　　してもらい、コーンで並んで待っている列の先頭の子
　　にしっぽを渡し、列の後ろに並ぶ。

⑥　順番が回ってきたらしっぽをつけてプレーする。

【発展】

・色を分けてチーム戦にする。しっぽの色を2色や3色と
　増やしてすることでチームの仲間と協力するような作
　戦の広がりがさらに生まれ、苦手意識がある子も仲間
　と協力してしっぽを取るチャンスが高まる。

エンドレスしっぽとり

（2）　ドッジボール

　ドッジボールは、相手のボールを避けたり取ったり、相手にボールを当てたりとすることが楽しく、チーム戦にするととても盛り上がるあそびである。小学校体育でもほとんどの学校で行われているのではないだろうか。2チームで内野と外野に分かれてボール1つで行うドッジボールでは、活躍するのはボール投げが上手な子どもが目立つ。上手な子は、ボールを触る機会が増え、どんどん上手になる反面、他の子はボールに触わる機会が少なくなり、上達する機会が少なくなってしまうような場合がある。アウトになってしまったらなかなかボールを当てて内野に戻ることが少なく、そのままで終わってしまう子もいるのではないだろうか。とにかく多くの子がボールに触り、動作を行うことで当てる楽しさや避ける楽しさを知るエンドレスなルールを考える。

●円形ドッジボール（内野外野交代バージョン）

【遊び方】

①　子どもたちの投げる能力に合わせてドッジボールの円形の大きさを決め、線を引く。

②　円の中にいる人（内野）と円の外にいる人（外野）を決める。

③　内野にいる人は、ひたすら外野から飛んでくるボールを避け、外野の人は内野の人にボールを投げて当て

　　る。

④　外野の人は、内野の人をボールで当てたら、当てた
　　人（外野）と当てられた人（内野）を交代する。

⑤　時間になるまでエンドレスで繰り返す。

⑥　最後に内野に残っていたら勝ち。

　ボールは、柔らかいボールを使い、子どもの人数に合わ
せて複数のボールを使用する。ボールが複数になることで、
ボールを投げる機会が増え、他のボールに気を取られている
子に当てやすくなるため、当てるための工夫ができるように
なる。運動が上手な子もボールが複数になることで避ける難
易度が上がり、苦手意識のある子も当てられるチャンスが増

える。

●ドッジボール（ためバージョン）

【遊び方】

①　中央の線を引き、その線を境に2チームに分かれる。

②　ボールを取った人が相手チームにボールを投げる。

③　ボールを取ったり避けたりすればセーフとなり、当たったらアウトになる。

④　アウトになったら各チームのアウトゾーンにあたっ

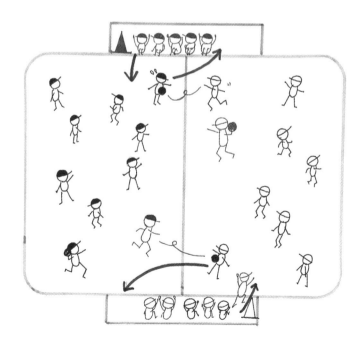

た順に並ぶ。

⑤　アウトになった人が○○人たまったら当たった順番
　　に再びゲームに参加できる。

⑥　慣れてきたらボールを複数増やして展開する。

⑦　時間になるまでエンドレスで繰り返す。

　失敗しても少し待てば、また挑戦できる。子どもたち
は、いろいろな挑戦を積極的に行う。また、アウトになりた
くなくてルールを破ってしまう子や勝ち負けにこだわりやす
い子も少し待つだけで何度も挑戦できるため、ルールを守っ
てできる。

（3）　エンドレスリレー〜トラックバージョン〜

【遊び方】

①　各チームが並ぶコーンを置き、トラックの線と各
　　チームのスタートの線を引く。

②　子どもたちは、好きなチームのところに並ぶ。

③　チームの先頭は、スタートラインに立ち、各チーム
　　のバトンを持って走る。

④　各チームの次の人は、スタートラインに立って待
　　ち、走っているチームの友達からバトンをもらい、ト
　　ラックを走る。

⑤　走り終わってバトンを渡したら、好きなチームの列

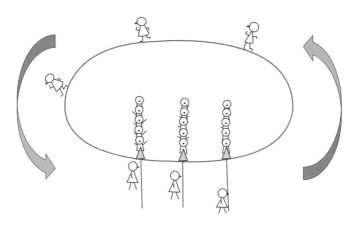

　に並びなおす。

⑥　順番が来たら何度もエンドレスで走る。

　どのチームに並んでも、何度走っても OK のエンドレス

リレー。まだルールが分かっていない子は、お兄さんお姉さんと手をつないで走ってもOK。異年齢でも楽しめ「まだ走りたい」と延々と続く。何度でも走れるから一緒に走る子が毎回違ったり、バトンをもらうタイミングが毎回違ったりと子どもたちの個々のペースで個々の楽しみ方ができる。つなぐ楽しさ、お兄さんお姉さんと一緒に走る楽しさ、競争して抜かす楽しさなど、個々でさまざまな楽しさが生まれる。さらに参加の人数が多くなってくるとチームのバトンの数を増やすことで順番も早く回ってきて、一緒に走る人数が増えるので楽しさが倍増する。

　加えて大好きな先生も一緒に参加したら、さらに何倍にも膨れ上がる。先生は、一緒に走る子の性格に合わせて一気に抜き去ったり、後ろを追いかけたり、励ましながら走ったりと、さらに活発に関わると子ども達の楽しさを高められる。「次は負けないよ!!」「なかなか走るのが速くなったね〜!!」と先生と子どもの会話や子どもたち同士の会話が順番を待っている中で生まれていく。何度もプログラムを繰り返す中で、子どもたちの走り方が変わり、早く走れるようになった子が増えたように感じる。

（4）　エンドレスリレー〜遊具バージョン〜

【遊び方】

① 　人数に合わせてチーム数を決め、各チームの並ぶコーンを色別で置き、チームの色に合わせたバトンを用意する。また、各チームの折り返しの目印となるコーンを色別で用意し置く。

② 　子ども達は、好きなチームのコーンに並ぶ。

③ 　チームの先頭は、先生の合図でチームのバトンをもって、各チームの折り返しコーンを回って戻ってくると、チームの次の順番の子へバトンを渡し、好きな

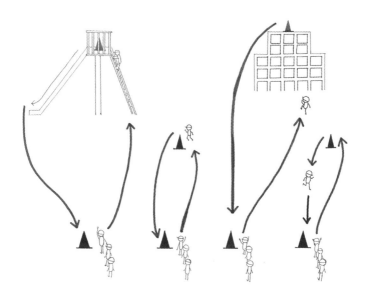

チームの列の後ろに並ぶ。

④　バトンを受けたった子は、そのまま折り返しコーンに走り、あそびを続ける。

⑤　子どもたちがあそびに慣れてきたら先生は、折り返しコーンを動かし、さまざまなコースを作っていく。

⑥　エンドレスで繰り返す。

折り返しの目印を移動させて…遠距離コース、近距離コース、ジャングルジムコース、滑り台コース、時にはコースが隣のチームと交差、「もっと上にして」「もっと遠くにして」と子どもからのリクエストが出てくる!!

折り返し地点の難易度を子どもたちに合わせて設定しながら、意外性をつくコースを用意すると子どもたちは、走ることが楽しくてたまらないようになる。また、障害物や遊具、手具をうまく使って、移動系運動スキルだけでなく、平衡系運動スキルや操作系運動スキル、非移動系運動スキルといったすべてのスキルをバランスよく取り入れる発展の仕方によって、遊んでいる感覚でさまざまな運動スキルを身につけることができる。エンドレスで繰り返すことで上達が見られ、導入した遊具や手具といった道具にも興味をもって自由あそびで遊ぶ姿も見られる。

（5）　エンドレスだるまさんが転んだ

【遊び方】

①　鬼から離れたところに引いた線に子どもを立たせ、鬼の近くに数多くお宝となるボールを置く。

②　鬼が後ろを向き「だるまさんが転んだっ！」との合図を言って振り向く。

③　「だるまさんが転んだっ！」と言っている中で、子どもたちは、お宝の方へ動き、鬼が言い終わったら静止する。

④　鬼に動いているところを見つからないようにボールを奪い、スタートのところに持っていく。

⑤　もし鬼が振り向いたときに見つかったら始めのスタートに戻り、やり直しとなる。お宝をもって帰って

エンドレスだるまさんが転んだ

いるときは、お宝を拾ったところに返してスタート地
点から再出発する。

⑥　時間内に何個お宝が持ち帰れたかを数える。

だるまさんが転んだの一般的な遊び方では、鬼に動いて
いるところを見つからないように鬼に近づいていく。鬼に動
いて見つかった人は鬼と手をつなぎ、動いているところを見
つからずに鬼と捕まっている仲間の手を触ることで仲間と一
緒に逃げ出すことができるルールである。

エンドレスだるまさんが転んだは、捕まってもスタート
から何度も挑戦できる。また、何度も繰り返しゲームが進ん
でいくから、工夫しだいでお宝のボールを捕るチャンスが多
くできる。とにかく走ってたくさんお宝を取ろうとする子、
慎重に少しずつ進んでいく子、さまざまなポーズで表現する
子など、鬼の目を盗んでそれぞれの楽しみ方ができる。ま
た、このルールから発展し、2チームに分かれてどのチーム
がたくさんお宝をとれるか競争しても面白い。

2.　手作り道具からの運動あそび

工作や折り紙といった手作りのあそび道具から展開する
と、工作が好きな子どもたちは、特に好奇心を刺激され積極
的に参加することがある。自分だけのあそび道具は、愛着も

紙でっぽうのお化け倒し

さまざまな紙でっぽう

わき、みんなで活動した後も自由時間や家庭でも使える。

（1）　紙でっぽうあそび

　紙でっぽうは、廃材となる新聞紙を使って作ることができ、年長さんくらいになると子ども自身で新聞紙を折って作ることができる。紙でっぽうを鳴らす動作は、ボール投げの動作と似た動作となり、繰り返し鳴らして遊んでいるうちに腕を振る体の使い方が上達していく。音を鳴らす楽しさだけでなく、お化けのパネルを使って、お化け倒しのあそびに展開したり、強く鳴らすことで紙でっぽうが破れてくることを使って、どこまで破ることができるか挑戦したりできる。また、紙質や紙の大きさで紙でっぽうを鳴らす難易度を変えることができる。さまざまな種類の紙でっぽうを用意し、全部鳴らせるか挑戦させることで子どもたちは、一気に夢中になっていく。

紙で作った
飛行リング

ペットボトルで作った
飛行リング

（2）　飛行リング

　飛行リング（わっか飛行機）は、紙とセロハンテープを使って簡単に作ることができる。飛行リングは、紙でっぽう同様にボール投げの動作と似た動作になり、飛行機を飛ばすときの腕の振りと飛行機を放す操作が重要になる。何度も飛ばしていく中で、「いつも上にあがちゃう！」「いつも左に曲がっちゃう！」というように飛行機が飛ぶ方向や飛び方で疑問を持ち、まっすぐ遠く飛ばすためには飛行機がどのような状態で飛ばないといけないかを考える学習の場にもなる。

　また、ペットボトルとビニールテープを使った飛行リングも作成できる。この飛行リングは、上手に飛ばすと数十メートル飛ばすことも可能となる。

飛行リング飛ばし

3. 創作・表現と合わせて展開

（1） 風船あそび

　風船は、滞空時間が長く、空間を把握する力やタイミングよく打つ力が経験不足でも比較的扱いやすい道具である。風船を床に落とさずにつくあそびでは、10回できたらテープを1つ張っていくあそびをしていく。テープが一つずつ張られていくとテープの重みの分だけ滞空時間が短くなり、少しずつ難易度が上がってくる。子どもたちのスキルと滞空時間の難易度が子どもたちを夢中にさせ何度も繰り返す。また、複数のテープを貼っていくことで、顔を表現する子や模様を作る子が出てくる。さらに、怪獣や知っている漢字、数字などさまざまな表現ができるあそびに子どもたちは夢中になっていく。

風船にテープを貼り表現する子どもたち

（2）　障害物わたりあそび

　平均台の橋を渡っていくあそびに障害物を考えていく。さまざまな形のブロックやコーンを使い、積み重ねて柱を作る子や橋の上に置く子など、子どもたちは好き好きに障害物を作り上げていく。時には、自分で試したり、お友達に試してもらったりと、創造力が膨らむ。

障害物わたり

4. 絵本の物語から展開

（1） おおきなかぶ

4章の4．イメージの世界で遊ぶ楽しさのところでも紹介したおおきなかぶのあそび。

【遊び方】

① 子どもたちを集めておおきなかぶの物語の読み聞かせをする。

② 先生が、おおきなかぶ役となり、長縄を使って引っ張る縄を用意する。

③ 「ある日、おおきなかぶがありました。」「おじいさん来てください！！」と子どもを呼び、「せーの」の先生の合図で、おじいさん役の子どもたちが引っ張る。

④ 「まだまだ、かぶは抜けません」といい、おじいさん役の子に誰を呼ぶと聞きながら、新しい役の子どもを加えて繰り返す。

⑤ 最後に全員が参加したら、かぶ役の先生が抜けるふりをする。

（2）３びきのこぶた

　それぞれの家を作ることになった３兄弟のこぶたが、襲っ
てくるオオカミに知恵を絞って退治する物語。

【遊び方】

①　家に見立てた大きな円を二つ長縄で作り、その一つ
　の円の中に子どもたちを座らせる。

②　物語を読み聞かせる。※オオカミを怖がる子が出てくる
　ため、クラスの子ども達の雰囲気により怖がらないよう高めの
　声で読み聞かせる。

③　子どもたちをこぶたに変身させる。

④　先生がオオカミ役をすることを伝え、「コンコンコ
　ン」とノックするふりをして、「家の中に入れておくれ」
　と子どもたちに聞く。

⑤　子どもたちが「ダメダメ」というと、オオカミ役の先
　生が「ダメなら俺さまの息で吹き飛ばしてやる！！」と
　いい、「せーの、フゥーー」と息を吹く真似をする。

⑥　子どもたちは、オオカミに捕まらないようにもう一
　つの家に逃げ込む。

⑦　④～⑥を発展しながら繰り返す。

　④～⑥のオオカミとこぶたのやり取りをさまざまに発展
させていく。④では、「郵便です。サインください！！」「サ

ンタクロースです。プレゼントを持ってきました」「裏口の
カギが開いてる!!」などとやり取りしていく中で、子どもた
ちは、家の中のさまざまなカギを戸締りしたり、「オオカミ
だからダメ!!」といったりとさまざまな反応を返してくれ、
さらにあそびの要素が高まっていく。あそびの展開がわかっ
てくると子どもたちもオオカミとなり、自分たちが考えた発
想がどんどん出てくる。

【参考文献】

・下﨑将一（2014）日本幼児体育学会第 10 回大会ポスター発表　研究題名
　「あそびの要素を高める体育あそび」
・下﨑将一（2021）日本幼児体育学会第 17 回大会口頭発表　研究題名「遊
　びの要素を高める ASOBI プログラムの実践報告」

第 **6** 章

どんな子も楽しめる鬼あそびの工夫へ [9]
― 子ども理解の視点からの分析 ―

　筆者は、長年１歳から小学生までの幅広い年齢を定期的に教えてきた。教える中で、発達の遅い子や気になる子、支援を必要とする子を指導する時には、書籍や研修などで得た発達支援の知識と対象の子どもより低い年齢の子どもに教える指導法を使うことで対象の子どもの理解が進んだり、できるようになったりする場面を多く経験し、子ども自身が自信をもって積極的に活動する場面を見てきた。子どもの基本的な発達段階を知ることは、発達の遅い子や気になる子、支援を必要とする子への指導をするヒントとなり、その子が発達のどこでつまづいているのかを知ることができる。加えて、発達支援の視点をさらに深く取り入れることは、どんな子にもわかりやすい指導につながり、低年齢の子どもの指導や異年齢の指導、集団指導にも参考になると考える。

　筆者が、愛媛県の松山市で乳幼児・学童期専門の運動スクールを創業してから６年目より本格的に支援が必要な

子を対象にした教室を始め（現在、一般社団法人 FLOW SCHOOL が運営）、松山市社会福祉事業団が行う障害児等療育支援事業を利用させていただきながら、発達支援を行う作業療法士や言語聴覚士から発達支援におけるさまざまな視点を深く勉強させていただき、理論的な理解を深めてきた。

　この章では、1歳児から行ってきた鬼あそびの中で楽しめなかった子が楽しめるようになった工夫の成功事例と発達支援の子ども理解とを結びつけ、指導の工夫が子どものどの部分にアプローチできていたか、理論的に分析したものを紹介する。また、逆に新たな視点から考えた今まで行っていなかった指導の工夫も紹介する。

1. 子ども理解の視点

　藤村[1] は、「自閉症はコミュニケーションの障害だと言われていますが、それは、こちら側の伝え方で解決できる問題」という。
　市川[2] は、子ども理解について
① 「子どもが生まれ持った発達の特性」（大きく変わることがない部分）
② 「子どもが身に付けてきたこと」（生活の中で変わる可能性が大きい部分）
③ 「保育環境」（人的環境も含む保育環境の中に子どもの

　行動の原因や誘因が必ずある）

という3つの点から目に見える子どもの姿をみて、子どもの気持ちを考え、適切な手立てを見つけ支援することが大切であるといっている。

　水野[3]は、氷山モデルで示し、「目にしている（行動）氷山の一角ではなく（要因）水面下の部分に着目する」とし、水面下の部分（要因）を「環境による要因」「自閉症の特性による要因」「本人の気づき」で整理しており、支援の計画を立てる氷山モデルシートを作成している。また、そのシート活用にあたっての参考資料として「自閉症・発達障害特性シー

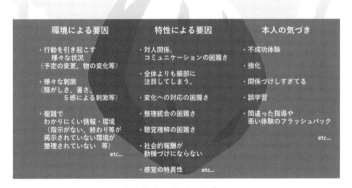

かんしゃく（他害、自傷）、パニック、不適切な行動、切り替えの問題　etc...

環境による要因	特性による要因	本人の気づき
・行動を引き起こす様々な状況（予定の変更、物の変化等）	・対人関係、コミュニケーションの困難さ	・不成功体験
・様々な刺激（騒がしさ、暑さ、5感による刺激等）	・全体よりも細部に注目してしまう。	・強化
・複雑でわかりにくい情報・環境（指示がない、終わり等が掲示されていない環境が整理されていない　等）	・変化への対応の困難さ	・関係づけしすぎてる
	・整理統合の困難さ	・誤学習
	・聴覚理解の困難さ	・間違った指導や悪い体験のフラッシュバック
	・社会的報酬が動機づけにならない	etc...
etc...	・感覚の特異性　etc...	

図6-1　氷山モデル
水野（2011）資料より作図

130

FLOW SCHOOL　施設支援資料　　　　　　　　　令和 4 年 6 月 3 日

気になる行動		
	本人の発達段階・特性	個人の状況・環境
考えられる理由	○活動が好きでない、難易度が高い ○活動の時間が長い・量が多い ○活動・運動のやり方が分からない ○指示（ことばかけ）が分からない ○状況の理解が難しい ○人への意識・関心が低い ○気持ちを伝える手段がない（ことば、発声、身振りなど） ○解決方法があることや、具体的な解決方法を知らない。 ○おしまいや切り替えが難しい ○変化、変更に弱い、見通しが立ちにくい（「思っていたのとちがう」ことに抵抗が強い） ○できるあそびが少ない、興味の幅が狭い ○注意を向け続けることが難しい ○刺激に反応しやすい ○感覚が敏感・鈍感 　　　　　　　　　　　などなど	○体調（眠たい、おなかすいた、風邪気味など） ○場面（時間帯、活動内容、相手など） ○きっかけ ○刺激（刺激量、刺激の種類など） ○人数、メンバーなど ○変化、変更 ○天候など 　　　　　　　　　　　などなど

○スモールステップで
○達成可能な目標を

行動目標	
支援の手立て	○活動の設定 　どんな活動を通して（本人の好きなこと、得意なこと） 　いつ、誰と（安心して過ごせる） 　どのくらいの時間、何回くらい 　どんな環境で ○どのように伝えるか（具体物、写真・絵、モデル、身体援助） ○こちらか期待する行動が見られた時は？

松山市社会福祉事業団こどもの相談室「ふらっと」
気になる行動から支援の手立てを導く施設支援資料

自閉症・発達障害特性シート　WS001

日付：　　/　　/		氏名：　　　（　　歳）	記入者：
特　性		本人の行動や特性	指導・支援の概要
コミュニケーションの特性・社会性	受容コミュニケーションの特性 言語指示の理解の困難さ、字義どおり理解する、言語指示を整理してつかむことができないなど		
	表出コミュニケーションの特性 無言語、エコラリア、声の調子やリズム、意思交換の困難さなど		
	社会性・対人関係の特性 一人でいることを好む、アイコンタクトやジョイントアテンション、セオリ・オブ・マインドの困難さ、自発的にかかわりをもつことの困難さなど		
全体よりも細部に注目する特性	転導性・衝動性 注意・注目の特性 転導的・衝動的な行動、切り替えの困難さ注目することの困難さなど		
	時間整理統合の特性 日程の計画や調整、活動や手順の調整、実行機能の困難さなど		
	空間整理統合の特性 自分の位置や材料や道具の位置の調整、ひとつの場所の他目的利用の困難さなど		
	変化の対応の特性 場所、物、人、予定、習慣の変化の不安・抵抗、強迫的な行動、ルーティンの必要性など		
	関係の理解の困難さ 関連づけしすぎ、関連づけが難しい、自己流の解釈、字義どおりの解釈、絵などの具体的に意味をとるなど		
	般化の特性 習得したスキルや人や物への対応を、他の場面、違う文脈で状態が変わる。材料・場面・指導者が変わったときに課題を遂行できないなど		
記憶の特性	記憶の維持の特性 短期記憶・作業記憶などの維持の困難さなど		
	長期記憶の特性 長期に脳に維持される記憶、経験した記憶が消せない特性など		
感覚の特異性 視覚刺激、聴覚刺激、味覚刺激、嗅覚刺激、触覚刺激などによる反応、または鋭敏さ、鈍感さ			
微細運動・粗大運動 手と目の供応の困難さ、手先の不器用さ、緊張のある動き、柔軟さのない体全体の動きなど			
その他の特性 感情のコントロール、等			
理解に関する特性 （何を見て理解するか）			

出典：水野（2010）資料

ト」「個人情報シート」「自閉症特性解説の手引き」がある。

　過去行った鬼あそび指導の工夫事例と子ども支援における専門的な子ども理解とのすり合わせを行った。松山市社会福祉事業団が運営するこどもの相談室「ふらっと」様の気になる行動から支援の手立てを導く施設支援資料[4]を使用した作業療法士の先生との勉強会の内容を中心に、「自閉症・発達障害特性シート」「自閉症特性解説の手引き」[3]の資料から引用し、各書籍などを参考にしながらまとめた。子どもの体調やその日の出来事といった個人の状況も要因となってくるが、今回は、本人の発達段階や特性、環境といった視点を中心に考えた。

2. 鬼あそびの工夫から見る子ども理解

（1） 事例　ルールの理解やわかりやすさについての工夫

　さまざまな鬼あそびをするときに子どもたちの中にルールを理解できていない子どもがいる。また、外あそびで使用する帽子で鬼と逃げる者とを区別しあそびをすると、鬼になって追いかけていた子がどちらかわからなくなり、逃げる役に変わっていた場面があった。

●指導の工夫

① 鬼には、視界に入らない帽子ではなく、視界に入る原色のゼッケンを着させ、鬼と逃げる者を区別しやすくした。

② ルールが多い鬼ごっこでは、一つずつルールを加える足し算形式で発展させていった。

③ 『3びきのこぶた』の絵本の物語から鬼ごっこを展開した。

●考えられる子どもの特性

① 記憶の特性（記憶の維持の特性）

・一時的に記憶したことの記憶の維持が困難。（短期記憶の維持）

・自分がとっている行動を持続的に記憶できない。（作業記憶の維持）

② 受容コミュニケーションの特性

・相手からのメッセージや情報を理解することの困難さ。

・言語・非言語コミュニケーション。

・情報が多いことによっておこる混乱。

・情報を具体的に、字義どおりに理解してしまう。

・抽象的なもの。絵にしにくいものは理解が難しい。

※視覚的な情報の優位さ（強さ）

一時的に記憶したことの維持が難しかったり、情報が多かったりと混乱していることがある。また、抽象的なものが理解しづらい場合がある。

指導の工夫①では、言葉のみの説明で記憶することは、夢中になると忘れてしまいやすいため、原色のゼッケンを着ることで視覚でも常に見えることができ、よりわかりやすく記憶しやすくなる。

指導の工夫②では、多くの情報を一度に聞いて記憶するよりも一つずつ手順を追って記憶しながら行動していくとわかりやすく記憶しやすい。

指導の工夫③については新しく覚えるルールではなく、知っている物語の設定で始まることで状況を把握しやすくなる。また、発達段階として３歳以降、何かに見立てるふりあそびは、次第に物語性が加わっていく時期[5]となる。その時期では、より関心が高く発展できる。また、ルールのあるあそび[6]について４歳から５歳ごろから３つ以上のきまりのある遊びが増えてくるため、低年齢の子どもたちは、よりわかりやすく、少ないルールでの遊びでないと理解しづらい状況が予想される。

（2）　事例　注意散漫に対する工夫

戸外では、さまざまな物に注意が散漫になり、注意深く話を聞けず、ルールがわかっていない場面がある。

●指導の工夫

　子どもたちの集まる場所をシートや長縄を使って集合させ、座らせて話をすることで注意を向けやすくした。また、戸外よりも室内で行うことで、より注意が向きやすく、集中して話が聞きやすい環境にした。

●考えられる子どもの特性

転導性、衝動性、注意・注目の特性

・興味関心が激しく移り変わる。

・見た刺激に影響を受けて、突き動かされる。

・さまざまな刺激に影響を受けて（次から次に）突き動かされた行動

・注意注目の困難さ（注目できなかったり、注目しすぎたり）

・切り替えの困難さ

※一度だけ注目向けると継続的に集中しやすい

　視覚刺激や聴覚刺激、触覚刺激といった刺激は、子どもの注意が散漫になりやすくなる。シートや長縄といった具体的な物で集合スペースを作るとわかりやすくなる。鬼ごっこの場所については、戸外よりも室内、室内の中でもいつも生活している部屋ですると刺激は少なくなると考える。また、より刺激を少なくするには、本棚を裏返しにして本を見えな

いようにしたり、おもちゃを布で隠したりと視線の中に刺激にならないような環境設定をするとより活動に集中しやすくなる。

（3）事例　鬼を怖がる子どもに対する指導展開の工夫

　外部講師としてまだ子どもたちと十分な信頼関係が結べていない場合や鬼あそびをしはじめたばかりの頃では、子どもたちがあそびを怖がる場合がある。中には、節分イベントの影響か鬼のワードを出すだけで怖がる子がいる。その際には、考えられる要因を軽くするようなスモールステップを考え、工夫して徐々に発展させていった。

●指導の工夫

①　子どもたち全員が鬼に変身し、講師を全員で捕まえる鬼あそびから始めた。

②　捕まるのではなく、くすぐり鬼ごっこにして、講師は、追いかけて子どもをくすぐるルールにした。

③　鬼ごっこのネーミングや鬼の設定を猫や犬といった別の物にしたり、可愛いイラストを見せたりと展開した。また、非現実的な設定ではなく、現実的に「先生に捕まらないように逃げられるかな？」というように展開した。

●考えられる子どもの特性

①　関係性の理解の特性

・関係づけしすぎたり、関係づけできなかったりする

・意味（関係）の理解が難しかったり、意味（関係）を限定的に理解したり、間違って解釈したりする

・字義どおり解釈

・具体的につかみすぎる

②　記憶の特性（長期記憶の特性）

・一度覚えたこと（経験したこと）の記憶が消えない

※一度正しい方法を学ぶとそれを継続するのは得意

　子どもたちは、実生活における行事や絵本、デバイスなどから鬼やお化け、オオカミ、サメなどを怖いものとして認識している。遊びの中で講師が怖いものになると関係づけしすぎて怖い負の記憶がよみがえってしまう場合が考えられる。

　発達として富田・野山[7]は、「年少児は怖いものをその雰囲気や気分によって避けることはできるが、怖さそのものについてはまだ十分に理解していない可能性が考えられる」といい、また「幼児期において、子どもは最初怖いものの怖さに気づかない段階から、怖いものの怖さに気づいてそれを避けようとする段階を経て、その後、虚構／現実の区別による虚構の安全性の認識に基づいて、怖いものをあえて見よう

とする、楽しもうとする段階へと発達的に変化するのではなかろうか」といっている。年少児に対して、下記（4）事例における怖い雰囲気や気分をつくる各刺激を作らないことに加え、虚構／現実の未分化な子どもに対しては自分が鬼になることや別の物に置き換えること、捕まるのではなく思わず笑ってしまうくすぐりなどに変えることで、楽しく参加できるあそびとしている。また、年齢が上がるにつれ、怖いものの怖さの認識が高まってきても、かわいいイラストを使うことで、怖さをなくすことができている。

（4）　事例　鬼を怖がる子どもに対する刺激の工夫

●指導の工夫

①　男性の講師ではなく、女性講師や子どもたちと信頼感のある担任の先生から鬼を始めたり、低い声ではない、優しい声で話したりした。

●考えられる子どもの特性

①　感覚の特異性（視覚刺激、聴覚刺激、触覚刺激）

・感覚刺激に対する違いをもつ

・感覚刺激が過敏だったり鈍感だったりする

　　男性は、女性よりも比較的体格がよく、低い声であるため、威圧的に感じてしまうと考える。また、声のボリュームも威圧的に感じる要因になるかもしれな

い。

●実践したことがないが新たな指導の工夫

①　子どもには、子どもたちが逃げるキャーという高い声を苦手とする子もいる。そのような子には、声を出さないような設定の指導工夫が考えられる。

②　温度感覚において冬の寒さの刺激が怖さを引き出す[8]というようなことがあるかもしれない。温かい季節に鬼あそびの導入を行うと少しは怖さが薄まるかもしれない。

（5）　事例　捕まえる時の力加減の工夫

●指導の工夫

①　鬼になった子どもたちが、捕まえることに慣れていない場合は、タッチの力加減や捕まえる強さを実際に子どもに触れて教えた。

●考えられる子どもの特性

①　感覚の特異性（触覚刺激）

・（4）の事例の特性に同じ

力加減が調節できない子や感覚の鈍感な子が、タッチを強く押しすぎたり、強く捕まえすぎたりとすることがある。

また、触られることに過敏な子もいる。また、押されて転倒するような頭部の位置の変化を嫌がる子もいるため、事前にタッチの加減や捕まえる強さを実際に触れて教えることは、タッチされる子どもの不安を取り除くと考える。

（6） 運動に苦手意識をもつ子への工夫

●指導の工夫

運動に苦手意識を持つ子が嫌がったり、やらなかったりする場合がある。講師が鬼となり、子どもが捕まらなかった成功体験を経験できるように配慮して追いかける。達成感を得て正の感情を作り、捕まってもすぐに再挑戦できる鬼ごっこになるようにした。

●考えられる子どもの特性

① 微細運動、粗大運動の困難さ

・脳での情報の特性による運動面での影響。不器用さ、目と手の供応の困難さ。体全体を使った行動、道具を使った行動の困難さ

② 記憶の特性（長期記憶の特性）

・（3）の事例における特性に同じ

体をうまく動かせない子や捕まる経験を多くしてしまった結果、苦手意識を持ってしまうことがある。捕まらない達

成感を得たり、自信をもったりすることは、正の記憶になっていく。また、何度も挑戦できる配慮は、捕まっても負の記憶にならず、次回の挑戦や工夫という正の記憶につながると考える。

（7）　鬼を怖がる子への言葉かけの工夫

●指導の工夫

　鬼あそびを怖がる子に先生と逃げたり、友達と逃げたりする選択肢を伝えた。

●考えられる子どもの特性

①　表出コミュニケーションの特性

・自発的にコミュニケーションしようとすることが少なかったり、難しかったりする

・周囲の状況によって自分の気持ちを伝えられない（相手からの言葉の文脈に依存したコミュニケーション）

・一方的なコミュニケーション

・整理しない内容になっている

・反響言語、ペダンティック等特有の特性が見られる

※反響言語は、その場で相手から言われた言葉を繰り返したり、以前聞いたことがあるテレビCMやニュースなどを繰り返したりすること

※ペダンティックは、学者のような難解な表現をすること

怖い時の解決方法が泣くことしかわからない場合がある。先生や友達と一緒に逃げることが怖い気持ちを回避する別の解決方法と知ることにつながり、参加することで楽しくなってくる。

3. どんな子も楽しめるあそびの工夫へ

障がいと見ないでデコボコとみる。人間誰しもが得意なことがあり、苦手なことがある。発達の遅い子や気になる子、支援の必要な子は、その振れ幅が大きいだけであり、経験によって変わりえる部分もある。経験不足や苦手なこと、困っていることを知り、周りの人が理解して手伝ってあげたり、ほんの少し工夫したりすることにより、みんなと同じように楽しめることがある。運動指導においても指導者のちょっとした手立てや工夫が「どんな子も楽しめる運動プログラム」となり、子どもを運動好きにさせるきっかけとなりうる。しかし、裏を返せば、指導者の子ども理解がなければ、子どもを運動嫌いや運動に苦手意識をもたせるきっかけをつくってしまうかもしれない。

筆者はこれまで、活動を楽しめていない子がいた時には、原因を考えさまざまなアプローチをし、試行錯誤してきた。原因を考える際には、その子の状況や発達段階の過程を追いながら解決のアプローチを探してきた。発達支援の視点

から子ども理解をさらに深掘りしていく中で、理論的にどの要素にアプローチしていたのかが分析でき、発達段階の過程と合わせて子ども理解がさらに深まったように思う。

　運動あそびをツールに子どもたちが楽しく充実した日々を送れるよう、子どもたちの育ちを後押しできる「どんな子も楽しめる運動 ASOBI プログラム」の実践と理論を結ぶ指導を今後も試行錯誤していきたい。

【引用・参考文献】

1)　藤村出（2005）改訂版やさしい自閉症のススメ，NPO 法人 SUN，1

2)　市川奈緒子（2017）気になる子の本当の発達支援〔新版〕，風鳴舎，12

3)　水野敦之（2011）「気づき」と「できる」から始めるフレームワークを活用した自閉症支援，エンパワメント研究所，101-103，114-117，126

4)　松山市社会福祉事業団こどもの相談室「ふらっと」気になる行動から支援の手立てを導く施設支援資料

5)　子安増生・二宮克美（1992）発達心理学【改訂版】，新曜社，125

6)　杉原隆編著（2000）新版幼児の体育，建帛社，32-33

7)　富田昌，野山佳那美（2014）幼児期における怖いもの見たさの心理の発達：怖いカード選択課題による検討，発達心理学研究第 25 巻第 3 号 299

・菅村玄二，樋口隆太郎（2013）怖いから震えるのか，震えるから怖いのか？　日本心理学会第 77 回大会

・下﨑将一（2022）日本幼児体育学会第 18 回大会口頭発表　研究題名「どんな子も楽しめる鬼あそびの工夫へ～子ども理解の視点からの分析～」

第7章

運動に苦手意識がある子が活発になった事例 [1) 2) 3)]

1. A君

　幼稚園時代に通っていた体操教室が原因で運動に対する苦手意識や劣等感を持った小学生のA君。跳び箱を見るだけで拒否反応が出てしまうほど運動を嫌っている状況で、運動スクールとは知らされず、当スクールへ保護者の方に連れられてきた。はじめに風船を使ったプログラムから始め、滞空時間の長さの中で操作できることでできる楽しさを感じ、できることを認めていく中で積極的に参加するようになった。当スクールの体験レッスンの中で跳び箱あそ

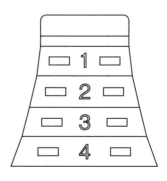

びにも挑戦するまでになった。他のさまざまな活動において
もできることを積み重ね、自信をつけることでとにかくやっ
てみようというように挑戦するようになった。スクールに通
い続け、学年が上がりステップアップしたスポーツのスクー
ルでは、積極的にさまざまなスポーツにも参加し、チームス
ポーツでは、作戦を自らチームメイトに提案するほどまで運
動を楽しんでいる。

2. B君

　運動に対して苦手意識があり、普段運動あそびをあまり
しないことから動きがあまり身についていない年長さんのB
君。初回の体験レッスンでは、気持ちを一新して張り切って
行ったレッスン前半の川とび遊びで転倒してしまい大泣きし
てしまう。B君が立ち直れるように折り紙から始める手作り
あそび道具の紙でっぽうプロ
グラムをしたところ、すぐに
泣きやみ、何度も何度も積極
的に投動作を繰り返し、音を
鳴らすことを楽しんだ。その
後も毎回楽しんでスクールに
通ってくれた。少しずつ自信
をつけていくこと「楽しいの

好循環」が見られ、積極的に参加することで運動の量から質への変化が生まれ著しい上達を見せた。小学生になるとこれまで苦手で避けていた友達と競うようなゲーム性のある遊びも取り組むようになり、スポーツの教室でも作戦を考えながらスポーツを楽しんだ。

3.　C 君

　長縄とびに苦手意識があり、すぐに引っかかってしまう年長の C 君。長縄とびの歌を歌いながら跳ぶ縄とび遊びの進め方として何回ひっかからずに跳べるかに挑戦するのではなく、ひっかかっても続けて何回跳ぶか目標を決め、挑戦するようにした。目標を決めて挑戦した後は、達成感を感じ、頑張ったことを認めた。次の長縄とびあそびから跳ぶ挑戦の回数がどんどん増え、あっという間にリズムよく引っかからないように跳べるようになった。その後も自信をつけ、ダブルダッチも上手に入り跳べるまでになった。

4．D君

　小さい頃病気でなかなか体を動かせなかった年長D君。高いところを怖がったり、逆さまや滑るあそびを怖がったりしていたが、逆さになる親子たいそうや巧技台のはしごを低いところから徐々に高くしたり、マットの滑る面を使いマットのジェットコースターのように滑り遊びをしたりと少しずつ難易度を上げなら進めていくと怖がらないようになった。

　怖がっていた鉄棒の前回りも一人でできるようになったり、逆さ遊びや滑り遊びもよりスリリングなものを楽しむようになったりと変化が見られた。

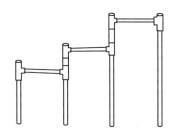

5．E君

　短縄とびですぐに引っかかってしまう小学1年生E君。運動に苦手意識があるようで少し挑戦してできないと「無理、できない」と言ってしまう。短縄を回すスキルはとても上手で、肘を支点で回せているが、縄を回すタイミングとジャンプのタイミングが一緒になってしまい、引っかかって

しまう。タイミングをずらす走り跳び競争から始めた。タイミングをずらすやり方がわかってくると一気に跳べるようになり、「楽しいから生まれる好循環」がはたらき、冬が明けるころには、あや跳びや交差跳び、2重跳びまで跳べるようになった。

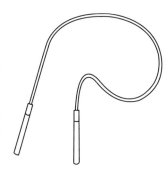

6. F君

　苦手意識のある動作は、やらずにごまかすF君。

　ASOBIプログラムの一例として、ビーチボールをコーンの上にのせ、プラスチックバットを使って野球あそびを展開した。当てやすいように止まった大きなボールを打つところから始め、投げるボールを打ったり、簡単な野球ゲームを取り入れて行ったりと展開させた。繰り返し遊びが展開していくことで、まっすぐボールが飛ばないところからバットをボールの芯に当てられるようになったり、体をひねることで力のタメを作りバットを素速く振ることができるようになったりした。「もっとやりたい」「ま

たやりたい」という声を聞くことができた。

　少なからず苦手意識がある動作は、ごまかそうとすることがあるが、指導者からの言葉かけで挑戦する機会が増えた。また、できるようになったことやできそうと思ったことは、自信を持って挑戦している。

7．G君

　石橋をたたき割るほど慎重な年中G君。

　ASOBIプログラムの一例として、バランスボールの橋を渡っていく設定でバランス遊びを展開した。まずは、バランスボールにマットをかけた橋を渡る。安定して渡れるようになると、次に手で押さえ安定したバランスボールをハイハイで渡る。慣れてくると途中で立つ子どもがでてきたり、立ったまま弾む子がでてきたりした。徐々に渡り方が安定してくると指導者から立つことを勧めたり、立っている子どもに「すごいね!!」と言葉かけをしたりと挑戦するきっかけを作るようにした。するとG君は、やってみようという気持ちを持ち、さらにできると達成感を感じているようであった。

　スモールステップで小さな「できた」を積み重ね、有能さや自信をつけると同時にお友達がしていることを見ながら挑戦することが増えたり、自ら積極的になることが増えたりと変わってきた。

8. Hちゃん

小学1年生の2月に入会してきてくれたHちゃん。

入会当初は、鉄棒の前回りを怖がっていたが、逆さ感覚に慣れることで恐怖心がとれ、何度も挑戦する積極性が見られた。他の運動に関しても、できるようになる経験を積み重ねることで有能さを高め、積極的に運動に取り組む様子が見られた。2年生の体力テストでクラスの中で一番体力が伸びたという結果を出した。

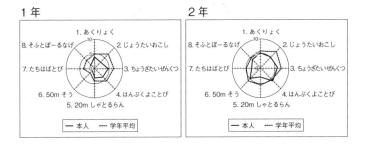

9. I君

小学1年生の10月に当スクールに入会してきてくれたIくん。当初周りの子と比べてできない時に落ち込んだり、やらなくなるようなことがあったが、小さなできることを積み

重ねることで、有能さや自信が高まり、お家や学校での過ごし方といった運動への関わりが大きく変わったことを本人や保護者の方から聞いた。2年生の体力テストでパーフェクト自己新記録賞を松山市より受賞した。

1年生の結果　　　　　　　　2年生の結果

10. Jちゃん

　鬼ごっこになると過度に怖がってしまう年少Hちゃん。子どもたち全員が鬼に変身し、子ども鬼たちが一人の先生を捕まえにいく全員鬼ごっこから鬼ごっこを展開。子どもたちの中でのさまざまな鬼の表現を子どもたちの前で紹介しなが

ら導入。かくれんぼのようにスタートさせながら逃げる役を大人から子どもたちに変えたり、複数にしたりとさまざまなルールで鬼ごっこを発展させ楽しんでいった。今や鬼ごっこを怖がらず活発に鬼あそびを楽しんでいる。

11.　K君

運動に苦手意識があり、いつもおとなしくあまり目立つことのない小学生K君。

じゃんけんを使ったあそびや室内でのお尻歩き鬼ごっこなど、運動が苦手でも活躍できるよう誰でも勝つチャンスがある内容を取り入れたり、鬼ごっこでは講師が追いかけ方を工夫したりと活躍できるチャンスを与えるような進め方をすることで活発に動き、今までに担当の先生が見たことがないような笑顔や大はしゃぎをする姿を見せてくれた。

12.　小学生低学年の子どもたち

決まった子と遊ぶ様子が見られた子どもたち。運動ASOBIの時間にさまざまな子と関われるようペアをどんどん変えて行う組あそびや鬼ごっこをした。その後の自由あそびでは、男の子と女の子が一緒に遊んでいたり、いつもは一緒に遊んでいなかったお友だちと一緒にあそんでいたりと遊

び方が変わっていた。

【参考文献】

1)　下﨑将一 (2018) 日本幼児体育学会第 14 回大会口頭発表　研究題名「あそびの要素を高める体育あそび」

2)　下﨑将一（2019）日本幼児体育学会第 15 回大会口頭発表　研究題名「ASOBI プログラムの楽しいから生まれる好循環の可能性」

3)　下﨑将一（2021）日本幼児体育学会第 18 回大会口頭発表　研究題名「有能さを高める ASOBI プログラムの実践から理論化へ」

お わ り に

　子どもの育ちに必要不可欠な「ASOBI」を突き詰める日本でたった一つのユニークな会社を目指します。

　私は、体育あそび指導の経験を積む場にとても恵まれていました。

　大学卒業後に入社した会社は、当時、保育事業を中心に学童や児童館といった運営を関東全域に、年間を通じて新しい施設を増やしており、私はその自社内の施設へ体育指導を行う体育指導員として入社しました。体育指導員を派遣する体育部門は、創設2年目だったため、ほぼ立ち上げから関わることができました。

　私は当時の学びと実践の2つの環境にとても恵まれていたと思っています。

　まず、体育あそび指導を学ぶ場がありました。創設間もないところから社内の先輩だけでなく、社外へ体育指導の勉強に行くことを許可されていました。さまざまな資格や講習、特に日本幼児体育学会との出会いは、現在の指導の根幹となっています。日本幼児体育学会に関わる研究者の先生、現場の保育園・幼稚園・体育指導員の先生といった多くの先

生方から幼児に関するさまざまなことを教えていただきました。今現在も引き続き、学ばせていただいております。また、横浜の総合型地域スポーツクラブでも文部科学省の受託事業やクラブ運営をお手伝いさせていただき、指導だけでないさまざまな経験をさせていただき学ばせていただきました。

　そして、指導実践の場が多種多様な経験を積むことができました。保育園や学童・児童館とさまざまな施設の中で1歳児から小学生を段階的に年齢の幅を持って指導できたこと、また、多くの施設を担当し、子どもの人数やさまざまな規模の施設、縦割りや横割りといったクラス編成、学年といったさまざまな条件の下で指導させていただきました。長年、1歳児から小学生の幅広い子ども達を縦の関わりで指導させていただいたことは、子どものこころとからだの発育発達を実感でき、それを意識しながら実践できたことは、私の強みだと思っています。

　プログラムや指導で使用する物、対象者などの制限なく、自分の指導をさらに突き詰めたいと地元愛媛にて創業してからも保育園・幼稚園・児童クラブ・私が開設するスクールといった場所で1歳児から小学生までの集団・小集団・個別・支援が必要な子と幅広く実践指導し、子どもたちにとって良いことを突き詰め、試行錯誤しながら実践と理論とを結びつけられるよう現在も日々活動しております。2019年よ

り本格的にスタートした支援を必要とする教室では、松山市社会福祉事業団が行うこどもの相談室「ふらっと」様から障害児等療育支援事業にて、子ども理解について多くのことを学びながら実践させていただいております。

　あそびの奥深さ、教育的な価値をもって行う体育あそびの奥深さは、複雑でありかつシンプルでもあるように感じています。

　指導歴を積み重ねてもすべてが同じという子どもはおらず、子どものこころとからだを育む「ASOBI」を突き詰める挑戦は、今現在も始まったばかりという心境です。

　日頃より実践指導させていただいております保育園・幼稚園・児童クラブ・児童館・小学校 PTA、子育て団体、ASOBI スクール、セレクトスクール、FLOW 体育教室の皆様、スクールの場所を使用させていただいております皆様、いつもさまざまな気づきと学びをいただいております原田先生をはじめとする日本幼児体育学会の皆様、前橋先生をはじめとする幼児体育指導法研究会の皆様、スポーツインターフェイス・FLOWSCHOOL に関わりのあるすべての皆様に心からお礼申し上げます。

　発刊に当たって、写真・資料提供にご協力いただきました、ついてる保育園様、久枝幼稚園様、さくら児童クラブ様、こどもの相談室ふらっと様、愛媛県の子育てママサーク

ル☆ KIRAKIRA 様、ASOBI スクール会員の皆様、大学教育出版　佐藤守様などご協力をいただきました皆様に心からお礼を申し上げます。

2023 年 6 月

下﨑将一

■著者紹介

下﨑　将一　（Shoichi　Shimozaki）

運動 ASOBI　コンサルタント
SportsInterface（スポーツインターフェイス）　代表
　ホームページ：https://sportsinterface.jp/
一般社団法人　FLO W SCHOOL　代表理事

　1歳児〜小学6年生の幅広い年齢を対象として保育園・
幼稚園・児童クラブ・自社開設スクールにて集団・小集団・
個別・支援が必要な子対象の教室にて運動あそびから多種
目スポーツを長年にわたって定期指導を行い、「ASOBI」をテーマに実践研究しな
がら指導を継続中。

・愛媛県大洲市出身　鹿児島大学　卒業
・2004年より上京し、幼児体育・小学校体育に携わり、5000人（100施設）以上
　の1歳半〜13歳の子どもたちを指導し、1000人以上の保育士・体育講師を対
　象に会社内研修の講師を務める。
・2010年より小学校非常勤講師を務める傍ら、横浜の総合型地域スポーツクラブに
　関わり文部科学省からの受託事業「スポーツコミュニティー形成促進事業」の事
　務局兼、小学校体育コーディネーターを務め、同時に子どものスポーツコーディ
　ネーター養成講座の講師も務める。
・2014年より地元愛媛にて乳幼児・学童期専門運動スクール
　「SportsInterface（スポーツインターフェイス）」を創業する。
・2015年より愛媛県教育委員会主催「愛媛県幼稚園等新規採用教員研修」におい
　て実技講師を務める。
・2018年日本幼児体育学会研究奨励賞受賞。
　研究論文「どんな子も活発になるASOBIプログラムの実践研究」
・2022年、2019年より行っている支援が必要な子対象の運動教室「FLOW体育教
　室」を事業移転し、一般社団法人FLOWSCHOOLを設立する。
・2023年愛媛県内の専門学校にて非常勤講師を務める。

どんな子どもも活発になる運動 ASOBI 指導
― あそびがもたらす最高の教育 ―

2023 年 10 月 20 日　　初版第 1 刷発行

■ 著　　者―――下﨑将一
■ 発 行 者―――佐藤　守
■ 発 行 所―――株式会社 大学教育出版
　　　　　　　　〒 700-0953　岡山市南区西市 855-4
　　　　　　　　電話（086）244-1268　FAX（086）246-0294
■ 印刷製本―――サンコー印刷 ㈱

ISBN978 - 4 - 86692 - 276 - 8